中央高校基本科研业务费
专项资金资助 2020RCW004

生命的彰显：
品牌与视觉文化

刘双花　著

江苏凤凰美术出版社

图书在版编目（CIP）数据

生命的彰显：品牌与视觉文化 / 刘双花著. -- 南京：江苏凤凰美术出版社, 2022.7
ISBN 978-7-5741-0190-6

Ⅰ. ①生… Ⅱ. ①刘… Ⅲ. ①品牌-关系-视觉艺术-文化研究 Ⅳ. ① F273.2 ② J06

中国版本图书馆 CIP 数据核字 (2022) 第 126980 号

责任编辑　王　煦
封面设计　董月夕
版式设计　焦莽莽
责任校对　吕猛进
责任监印　生　嫄

出版说明

本出版物主要用于学术研究，在编写过程中引用了相关图片资料与网络资源，在此向原著作权人表示衷心的感谢！由于诸多因素没能一一联系到原作者，如涉及版权等问题，恳请相关权利人及时与我们联系，以便支付稿酬。
联系电话：（010）51682960；邮箱：68231285@qq.com

书　　名	生命的彰显：品牌与视觉文化
著　　者	刘双花
出版发行	江苏凤凰美术出版社（南京市湖南路 1 号　邮编 210009）
制　　版	南京新华丰制版有限公司
印　　刷	南京新世纪联盟印务有限公司
开　　本	889mm×1194mm　1/32
印　　张	7.25
版　　次	2022 年 7 月第 1 版　2022 年 7 月第 1 次印刷
书　　号	ISBN 978-7-5741-0190-6
定　　价	88.00 元

营销部电话　025-68155675　营销部地址　南京市湖南路 1 号
江苏凤凰美术出版社图书凡印装错误可向承印厂调换

目　录

001　**前　言**

005　**第一章　笃定的音叉：雅马哈　1898 年**
008　1　结缘音叉（1898—1916）
011　2　从"民族的"到"世界的"（1916—1927）
014　3　内忧外患中的重塑（1927—1934）
016　4　"我们主要卖钢琴！"（1934—1958）
018　5　面向世界（1959—1967）
019　6　大道至简（1967 年至今）
021　小结

023　**第二章　时间的洗礼：凯迪拉克　1902 年**
026　1　从"拿来主义"到"我带你飞"
031　2　从"浮夸"到"返璞归真"
033　3　未来与科学
035　小结

037　**第三章　闪闪五角星：匡威　1908 年**
040　1　五角星的凸显：从"功能"到"精神"

045　2　隐匿的五角星:"开口笑"
047　3　耀眼的五角星:星箭 & One Star
052　小结

第四章　联结的意味:奥迪　1910 年

056　1　霍希先生 & 奥迪
058　2　汽车联盟 & 四环(1932)
064　3　新汽车联盟 & 奥迪 & NSU
066　4　四环的回归
067　小结

第五章　绿红绿带:古驰　1921 年

072　1　行李员与奢侈品
074　2　包裹带与马腹带
076　3　三色旗与绿红绿带
077　4　色彩密码
081　5　不破不立
084　小结

第六章　自然中来:兰蔻　1935 年

088　1　玫瑰:从幕后到台前
092　2　兰蔻玫瑰:个性认知
096　3　"有机"的材质与色彩

098　　4　"自然"的色彩逻辑
103　　小结

105　　**第七章　形与意的"共生"：佳能　1937 年**
109　　1　符号源头：千手观音
113　　2　抽象笔画中的"共生"
118　　小结

119　　**第八章　正义与诱惑：星巴克　1971 年**
121　　1　咖啡与西雅图
123　　2　精神实质："斯达巴克"之名
128　　3　视觉诱惑：塞壬之像
132　　4　形神合一
135　　小结

137　　**第九章　青出于蓝：斯沃琪　1983 年**
140　　1　身份认同 VS 个性彰显
144　　2　"SWATCH"之名与形
147　　3　"艺术"×"swatch"
155　　小结

157　　**第十章　多元漩涡：育碧　1986 年**
160　　1　从字母到漩涡

163	2	漩涡与游戏
165	3	静与动的历史规律
169	4	动态漩涡的风格演变历程
175		小结

177	**第十一章**	**快乐原色：谷歌 1998年**
180	1	"Google"其名
182	2	色彩逻辑的厘清
185	3	明亮的微笑
187	4	生长的色彩
190	5	扎根与蔓延
194		小结

195	**第十二章**	**后来居上：农夫山泉 VS 怡宝**
197	1	时代产物：命名与标志
201	2	脉搏与血液：产品更新与命名
205	3	基因外化：产品包装形象
209	4	文化视觉化：喝的不仅仅是喝的
212		小结

213	**参考文献**	
219	**后　记**	

前　言

　　品牌为什么成为我们看到的样子？它们的形、色、组合方式、动态变化等创意从何而来？是集品牌高管们智慧的结果，抑或品牌形象设计师的功劳？本书正是为这些问题寻找答案而来。

　　现今已有的品牌论著通常分为两大块：一是与经管相关的品牌文化、管理与营销等品牌内涵层面，品牌形象作为其中的策略往往泛泛提及；二是视觉相关的品牌形象案例分析等品牌外在形式方面，包括品牌标志、色彩、产品包装及其他衍生品。后者又分为两种类型：一是关于优秀案例品鉴或设计方法的作品集锦；二是在呈现形象案例基础上加入品牌文化的分析。本书稍有不同，出发点和最终落脚点在视觉。但为了解释视觉的由来，讨论的范围并不设限，涉及所有能用来解释视觉形式来源的历史文化经济及个体等复杂因素。

　　本书讨论的对象是十几个来自全球的品牌案例，以它们各自最典型的视觉特征为切入点，提出关于形式来源的关键问题，并在品牌历史、文化及理念等方面搜寻答案，最终呈现给读者品牌视觉与历史文化相生相长的互动关系。品牌的选择主要来自笔者过去4年《商业品牌案例分析》授课中涉及的一些案例，在课堂讨论中受到学生欢迎、具研究价值，没有其他特定原则。书中依照品牌诞生时间顺序依次展开各个主题，早至19世纪末，晚至20世纪末，未经预谋竟巧合地正好跨越一个世纪。不过，阅读上并无特定顺序，读者可以从中间任何一个自己感兴趣的品牌开始。

本书的第一个特点是切入点小而具体。为了能够将每个案例的问题论述得更易聚焦深入，笔者有意将每个品牌的问题切入点设置得相对较小。具体到特定品牌提出何种问题方面，笔者竭力调动理性和感性两方面的认知。理性方面，搜罗和阅读与品牌相关的文字和图片的历史资料、研究文献和消费者评价等，考察该品牌的典型特征和独特魅力；感性上，使自己浸入上述资料，感受品牌的哪些方面最能打动自己。因为笔者相信人类的通感，能打动我的内容，通常也能打动你，因此也必定是最值得书写和传播的部分。因而，在每一个品牌的写作过程中，每次都大致经历相似的三个阶段：极其缓慢、痛苦挣扎的前期，平稳写作的中期和酣畅的结束。

第二个特点是"朴素地提问"的问题意识。这五个字在笔者所在的"尹门"（尹吉男先生硕博师门）中必定是最能达成默契的关键词。"朴素"是令不够聪明但有诚意真心的人感到最为安全亲切的，只需要动用自己最单纯的那部分心思，像孩童一般生发出对某事物的好奇心，便有望达到要求。它的原理如同发现一个特别的藤蔓，好奇它的根在何处，之后便寻着藤蔓的踪迹直到根处，从而知其原委。只是藤蔓通常缠缠绕绕，有时看花眼陷入迷糊，直至费尽一番气力理清了寻着了根，那好奇也便解开，令人舒畅。

本书的思考和写作方式，潜移默化地受到视觉文化理论、设计学理论及设计实践交织在一起的多重影响。首先是来自人文学科艺术学理论研究方法的影响。事实上，在视觉领域，形式与内容的关系问题由来已久，沃尔夫林、潘诺夫斯基、贡布里希在他们的著作中早有讨论。在视觉文化研究案例中，亦有不少关于品牌视觉如何在大众传播中发挥功能的精彩论述。其次，从事设计教学和实践的经历，使笔者无法忽视设计中的形式问题，甚至许多设计细节论证。因此，大到品牌的历史，小到设计中采用的具体技法或CMYK色值，是否谈及，都取决于讨论的是什么问题，并不拘泥于特定框架和研究方法。

这本书适合谁来读呢？在写作过程中笔者常常会考虑到这个问题。主要阅读群体有三个，并且这本书试图成为前两个群体沟通的桥梁。

一是设计师群体。设计专业科班出身的人群，如果经受过严苛系统的专业训练，往往对视觉创意、技法表达和样式风格非常敏锐，注重形式与细节，能够创造出富于视觉美感的作品。但是止所谓"不识庐山真面目，只缘身在此山中"，设计师因为过分专注形式而容易深陷其中，忽略其他因素。可能带来的后果是：对形式的执着成为设计师与甲方或负责营销同事之间沟通的障碍，无法跳脱出来换位到甲方管理和营销角度进行思考。

二是品牌创立者及从业人员。他们中大多并非设计专业出身，但都需要与设计师打交道，甚至很多时候由于对行业的熟悉程度高于设计师而直接提供创意思路，要求设计师予以视觉化。实际上，由非设计专业、但拥有眼界和思想的品牌创立者提供创意的做法有其合理性。本书中谷歌今天经典的标志最初就来源于两位品牌创立者之手，尽管在专业设计师看来存在明显的缺陷，但正如文中所提及，品牌的文化内涵已经扎根于那并不成熟的设计方案中。精准、笃定的品牌定位，会让品牌自身成为有机的生命个体，在时间、市场中不断生长成熟，外在的模样也在各个时代发生变化。这种变化表面上是人为工作的结果，但实际上是品牌最初扎根下的内在生命力，在各种外力作用下生长的结果，长成了时代赋予它的模样。

三是对品牌有好奇心的大众科普。我们对品牌的接触首先是"看"，而后才是"用"。对于其中一些奢侈品牌，大多数人或许暂时止步于"看"。在一些设计理伦著作中，品牌设计由于增加过多附加值而遭受批评。笔者并不是特定品牌追随者，因此有了"冷眼旁观"的研究优势，同时，也无任何想要宣传书中涉及品牌的意图，它们只是全球无数成功品牌中用以认识一些常识与规律的代表。此外，在写作中会有私心考虑家里的中小学生，希望青少年能有兴趣来读，并能从中获益，品牌开创意识的种子或许就此埋下呢！

因此，本书的内容虽然属于视觉文化和设计学范畴，但讨论问题的方式却在现有的设计学领域中尚无先例，属于身处设计领域去更广阔的人文学科取经，而后将方法用于设计案例研究的初次尝试。然而较之现有视觉文化研究，文中对设计形式的分析又是设计师角度的认知，亦是个人化的。其中不少与笔者自身专业背景相关，凭着一股子热情但或许不太成熟的想法，希望得到批评指正。

第一章
笃定的音叉

雅马哈

1898 年

视觉符号可以作为图像（可见的）映入大脑，也可以转化为语词（可听的）口口相传[1]。来自日本的"三音叉"与"雅马哈"，正是通过可见的标志图像和可听的雅马哈品牌名称，在大众印象中建立起直接关联，使两者可以相互替代。音叉是一种呈"Y"形的物理学常用实验器材，可以用来测试音高和调试乐器。在品牌诞生后的100多年间，雅马哈持续使用由三枚音叉组合而来的符号作为标志主体，虽然历经多次修改，但音叉元素贯穿始终，以至如今。"三音叉"几乎成为另一可以代表"雅马哈"品牌的专用名词。

然而众所周知，雅马哈并不仅仅生产与音叉相关的产品，除了钢琴、电子琴、管乐器、吉他、爵士鼓、合成器等乐器和音乐电子产品、音响及音乐相关服务以外，还有与音叉毫无关系的摩托车、发动机、无人机、家具、浴缸……甚至近几年开始涉足住宅建设。它或许是唯一会在卖场呈现钢琴和摩托车漂亮组合的综合厂商，但无论如何拓展产品类型，却丝毫未撼动音叉形象在雅马哈的主体地

---

1. 在《艺术设计与视觉文化》一书中，视觉文化研究学者通常会将视觉认知和感受分为文本和图像文化两大类。笔者在此采用的是《图像学》中图像与语词的说法和含义。

位（见图1-1、图1-2）。雅马哈为何百多年来如此钟情音叉形象？又为何从第二代标志开始便一直以三枚音叉的固定组合出现，三音叉和标志设计有过哪些更改，是什么刺激了这些变革？通过探讨这一系列问题，我们可以得知符号的内容稳定性与形式多变性及其背后的创意动机，在品牌符号的创意内容与视觉形式之间建立起理解的桥梁。

图 1-1　雅马哈集团标志

图 1-2　雅马哈发动机集团

1　结缘音叉（1898—1916）

图 1-3　山叶寅楠像

音叉从何而来？这要回溯到雅马哈创始人的早年经历。"YAMAHA"雅马哈这一名称源自品牌创始人山叶寅楠（1851—1916，Torakusu Yamaha）姓氏"山叶"的音译（图1-3）。音叉与雅马哈的结缘开始于山叶寅楠平凡却又传奇的经历。

山叶寅楠幼时接触西方器械，成为他与乐器结缘的起因。山叶寅楠出生于日本德州纪州（今天的和歌山县），父亲是当时德川幕府下某藩的武士，靠自己的努力谋得职位，负责天文事务，每天接触大量西洋器械，从小耳濡目染，着迷于西方器械。明治维新时期，山叶开始跟洋人学习制造西洋时钟，之后在大阪一家医疗器械制造店工作，在此期间，他不仅钻研修理制造技术，也对商务产生了浓厚的兴趣。由于山叶寅楠修理器械的技术远近闻名，当时日本乐器大多为进口，因此，当滨松市神城小学（现为元代小学）的一台产自美国的手风琴坏了时，请他去修理，他竟然成功修复。这引发了他对乐器制造的极大兴趣。兼具钻研精神和商业嗅觉的山叶发现：乐器的构造较之医疗器械并不复杂，并且在当时的日本市场拥有着巨大潜力。这年山叶寅楠36岁。

日本自制高水平乐器是山叶之后最大的心愿。他以自己观察到的乐器构造为基础，找来装潢工匠河合喜三郎合作，经过2个多月的反复试验，研发了日本第一台国产手风琴。两人用扁担扛着风琴徒步翻越了箱根岭（见图1-3），千里迢迢找到东京的音乐调查研究所，但得到的评价是风琴外形虽好，但调律不准，难以使用。虽然很失望，但山叶寅楠并没有因此气馁，他决定留在东京，以旁听生的身份从零开始学习音乐理论和调律方法。在从清晨到深夜的4个月无休止的突击学习之后，他回到滨松市夜以继日地钻研，终于完成了第二号风琴的制作，并取得了可以替代进口风琴的认定。制作风琴过程中用于调律较音的音叉，由此根植于山叶的心中，是他制作风琴从失败转向成功的关键一环。

出于对日本本土乐器前景的远见和信心，山叶寅楠排除万难，于1889年创建了山叶风琴制造所，此时离他到小学修理手风琴仅仅时隔2年。1897年，雅马哈集团的前身——日本乐器制造株式会社成立。翌年，确定"音叉"为社章、以口衔音叉的凤凰图为商标[2]（见

---

2. 见雅马哈官网品牌文化雅马哈品牌的诞生［EB/OL］. https://www.yamaha.com.cn/about_yamaha/yamaha_group/brand_culture/。

图1-4），所生产的风琴上都印有该商标，逐渐成为日本国产高品质乐器的代表符号。

标志中的凤凰是日本传统文化中最受人喜爱的纹样之一，象征着盛世。较之中国传统文化中龙的地位，凤凰在日本文化中更受推崇，这点从日本皇室使用凤凰图案的情形可以看出。如平等院凤凰堂屋顶[3]、1万日元上的凤凰形象（见图1-5）、明仁天皇在位10年纪念章等。作为日本第一家生产手风琴的公司，雅马哈标志采用凤凰图案，非常符合日本传统，吻合民众对本土品牌形象的心理预期，同时也代表着最高级别的乐器水准。

图1-4 第一代标志（1898）

图1-5 1万日元上的凤凰形象

标志中的凤凰图形造型有着专属于品牌的内涵。仔细观察标志中的凤凰图形，会发现其冠羽不同于日本之前写实手法的"鸡头"表现，而是以"如意"纹样表现鸡冠，其他冠羽和翅膀亦是如意花纹样的变体。凤凰面容温和喜悦、身姿优雅灵动，由传统图案中的

---

3. 建筑史学家藤森照信教授认为：京都的平等院凤凰堂是日本人为了表现心目中的极乐净土而建。当时，佛教衰落的所谓末法思想在日本蔓延，人们认为这个世界行将终结。于是，人们为了逃离世界末日而憧憬极乐净土。在此的凤凰，一来是表现着"极乐世界"凤凰在屋檐上起舞的理想王国，供天皇来此游玩；二来象征着无上的天皇地位。

凤凰衔枝改为衔一枚音叉。它似乎刚刚从天而降，正待收拢双翼。标志图形整体呈团状，以线条疏密对比突出凤凰的头部和音叉。表现手法颇令人回味，凤凰以平面图案手法描绘，而音叉则为立体写实风格，因此更为凸显，似乎唯恐不为人所识别或不够醒目而被忽视。凤凰在标志中所扮演的角色如同一位富于人情气息的高贵中介，以自己已为日本民众所熟知的吉祥形象，引出相对陌生、外表冰冷的西方舶来品——音叉（见图1-6）。

图1-6 音叉

仅从这些并不完全的分析中可知，雅马哈第一个标志的设计细节均指向同一目的，即以最具代表性、易于识别的符号记录品牌生命伊始的励志故事，传达出山叶寅楠对自己曾经使用音叉成功调制风琴音色这一宝贵经历的命定之意和感恩之情。

2 从"民族的"到"世界的"（1916—1927）

最初有意标榜"国产"概念的雅马哈，所生产的钢琴于1904年在美国圣路易斯博览会上获得名誉大奖，这是日本国产乐器首次在国际上获得奖项，由此更加激发了雅马哈进军世界的野心和信心，雅马哈的产品从此更多考虑国外用户，大大拓展了海外市场。1916年，雅马哈对其标志做了大刀阔斧的修改。

这次修改显然在顺应世界的视觉潮流。20世纪初，平面设计在现代主义影响下走向理性与构成，风格化特征显著，雅马哈原有凤凰衔音叉的标志形式较之流行趋势显得过于复杂和陈旧。此外，雅马哈在日本本土已扎稳脚跟，为融入世界平面设计简约构成的大潮流，已经完成其历史使命的凤凰适时退出品牌历史舞台，让位给了原本便是主角的音叉。

图1-7 第二代标志图形的三音叉（1916）

图1-8 用于风琴的标志（1916）

图1-9 用于钢琴的标志（1916）

1916年的标志与第一代面貌截然不同：原来的一枚音叉增加至三枚，采用国际流行的平面构成方法，以中心点旋转120°组织图形（见图1-7）；字体采用花体英文，叠加在图形之上，在yamaha后面分别加上了主推产品"organ"和"piano"（风琴和钢琴）字样（见图1-8、图1-9）。再仔细对比音叉的表现，较之凤凰口衔音叉所采用的写实立体手法，1916年的三音叉采用纯平面的图案，原本圆润柔和的音叉底部形态被改为尖锐的矛头状，大大增强了骨骼的构成感，单色的、旋转的音叉制造出平面和空间的视错觉，整体显得富于动感和视觉穿透力。

雅马哈对三音叉的官方解释是：它们代表了品牌的三大部门——技术、制造和销售之间的密切合作；旋转对称的向外结构，表达了以音叉所象征的音乐为中心向世界的延伸，以及雅马哈永无止境的生命力；此外，这个标志也被赋予了音乐基本元素的含义：

旋律、和谐与节奏[4]。

以3个数量的单元图形进行120°旋转对称构成的手法，常见于许多经典标志。最典型的是同为日本百年品牌，比雅马哈历史早近30年的三菱，其标志为3个旋转对称的菱形[5]（见图1-10、图1-11）。今天我们虽然无法得知三音叉底部形状采用的尖角菱形，是否有直接受到三菱的影响，但锐气向上、积极向外、三角的至为稳固，的确是大多企业品牌发展追求的一致精神，平面视觉的某些特征由此产生共振效应，在特定时间里风格总是逐渐趋于一致。

图1-10　1870年三菱前身三柏菱家徽

图1-11　三菱标志

在品牌标准字体上，雅马哈所采用的手写花体英文，在20世纪初多见于大多欧美品牌，比如福特汽车，可口可乐，路易威登等（见图1-12）。这种一致性可以帮助品牌从视觉上融入世界潮流，以最大限度地赢得世界范围内潜在消费者的青睐。

---

4. 见雅马哈官网品牌文化雅马哈品牌的象征［EB/OL］. https://www.yamaha.com.cn/about_yamaha/yamaha_group/brand_culture/。
5. "三菱"这个名字是指三钻标志。"三菱"是"mitsu"和"hishi"这两个词的组合。Mitsu 的意思是"三"。Hishi 的意思是"菱角"，日本人长期以来一直使用这个词来表示菱形。在日语中，当"h"出现在单词的中间时，它通常发音为"b"。所以他们把 mitsu 和 hishi 的组合发音为 mitsubishi。第一家三菱组织的创始人岩崎弥太郎选择了三钻标志作为他公司的标志。该标记暗示了弥太郎的第一任雇主土佐家族的三叶纹章，以及岩崎家族纹章的三个堆叠菱形。

3 内忧外患中的重塑（1927—1934）

一战中，雅马哈位于中泽的总厂和位于滨松的分厂分别被炸毁，都面临着战后重建；1923年关东大地震，东京办公室和其他一些分厂皆有损坏，导致业务长时间里接连受阻；到1927年，山叶寅楠的弟子河内小市从雅马哈独立出来创立钢琴品牌卡瓦伊，成为雅马哈的竞争公司……在数年来诸多内忧外患的环境逼迫下，雅马哈不得不咬牙应对，开始重新审视自己的各方优劣势，更加注重在一切可能挖掘的潜力上勤奋耕耘，这种沉着冷静的内省精神很好地反映在新标志上。

图1-12 福特汽车、可口可乐、路易威登标志

图1-13 第三代标志（1927）

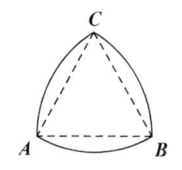

图1-14 莱洛三角形

第三代标志在第二代基础上进行了显著修改。较之此前，第三代三音叉负形面积（图形内的反白空间）大大减少，正形紧凑了许多；音叉底部的菱形矛头缩短，上部的分叉由原来的方角改为小圆角，转折的线条饱满亲切，整体视觉感受更为柔和内敛。这些修改使之外形更加适合于一个类似等边三角形的内部空间（见图1-13）。

这个类三角形是19世纪数学界的一个新发明，称为"莱洛三角形"⁶（见图1-14），它实际上是由3个圆形相交而来，其特征既具有三角形的稳定感，又有圆形的亲切感，在今天的教学中常被称为"三角形中的叛徒"。莱洛三角形是许多创造性形状当中较为简约的一种，在动力学中也非常受欢迎，在工业上被用于制作钻头，以它为横截面，可以神奇地钻出四边为圆角的正方形孔来。

为何雅马哈会在标志这一最核心和最重要的对外形象上采用一个这样的形状呢？原来，雅马哈公司里有个施设班，专门负责维护公司机器，设计夹具等。这个部门具有相当高的技术水平，公司在一战和关东大地震遭受惨重损失后，施设班在修复工作中起到了非常重要的作用。与品牌选择音叉类似，1927年标志使用莱洛三角形来象征施设班，是为了纪念这个部门在公司特殊时期所做出的特殊贡献，同时也透露出对自身精湛的技术水平的满满自信。

第三代标志文字和字体较之前也有了很大改变。除了保留YAMAHA之外，piano被替换为山叶寅楠的日文名字和"VENEER"（胶合板）。山叶寅楠的日文名字放置在相对醒目的中下方。此时山叶寅楠已经去世11年，公司以这种方式纪念他，用日文名字与三音叉组合，再次重申自己的开创历史。"VENEER"主要用作管风琴和钢琴的部件，雅马哈自己生产胶合板，并拓展事业将其卖给家具和建筑行业。在标志上使用其新产品名称，可见公司对胶合板的重

---

6. 莱洛三角形（Reuleaux triangle），又称鲁洛克斯三角形、圆弧三角形，是一种特殊三角形，指分别以正三角形的顶点为圆心，以其边长为半径作圆弧，由这三段圆弧组成的曲边三角形。由机械学家、数学家莱洛首先发现，故而得名。

视和品质的自信。字体不再是之前手写花体，而是相对更为严肃的无衬线字体，这个字体流行于一战后，代表着理性与正义。

可以想见，战争和大地震后，公司的有形资产面临着大规模的修复与重建，公司的灵魂与精神亦需要用心经营才能得以延续，视觉在其中也许是最"润物细无声"的一环，如能智慧地选取恰当的视觉语言，所传递的信息就可以在公司内部转化为凝聚人心的力量，面对外部公众，则令人在观看中或深或浅地领略品牌的生命力和价值。

4 "我们主要卖钢琴！"（1934—1958）

20世纪20年代到30年代，雅马哈公司的钢琴愈发畅销，1934年新标志中加入了写实的钢琴元素，打破了自1916年以来一直延续的抽象几何风格。

这次标志主图形选取的是三角钢琴最典型的角度轮廓，将其外形比例进行调整，使之适应于外围的正圆。一粗一细两个同心圆圈与三角钢琴，形成规则形与不规则形的强烈对比，更加衬托出钢琴外形的精致优美。从上一代标志中延续下来的三音叉图形尺寸被缩小，与相对尺寸较大的"YAMAHA"上下居中对齐，一同被置于剪影当中的位置。三音叉和"YAMAHA"实际上构成了一个独立的标志，作为纯平面形态被置于三角钢琴剪影的立体形态当中，辅以外围的圆圈，形成了一个耐人寻味的简洁却复杂的空间。时而平面、时而立体，标志中有标志，规则形与不规则形交叉，营造出一股吸引人眼球的强烈视觉张力（见图1-15、图1-16）。

钢琴、音叉、YAMAHA、圆圈，这四个要素构成了新标志，即使是似乎纯粹出于形式需要的圆圈，雅马哈官方也有这样的解释：它意味着公司在世界声乐领域内永无止境的生命力。这四个要素在视觉上都很醒目，但层次依然比较分明。在针对观看顺序的一次调研中，我们在大课堂上随机请了95位同学对看到的要素先后进行排名，得到的结果是"钢琴—YAMAHA—三音叉—圆圈"。可见钢琴元素很有效地得到了凸显。

图1-15　第四代标志（1934—1956）

图1-16　雅马哈三角钢琴

1950年，川上源一子承父业，从川上嘉市手中接管雅马哈，这一管就是27年。川上源一一方面延续父亲在音乐教育方面的理念，开设雅马哈音乐学院，在日本推广西方音乐教育；另一方面积极开拓海外销售渠道，可以说正是这一举动奠定了雅马哈今日在全球的品牌地位。

1955年雅马哈创建了雅马哈发动机公司，为了与子公司区分开来，1956年，雅马哈在此前标志基础上加入了一种新形式，在最外围加上了椭圆背景，目的是加入"日乐特选"四个字，含义是日本喜爱的特别用心制作的乐器，提醒消费者虽然公司开拓了新业务，但仍然是一家主营乐器的公司。这种说法极具时代特色，在今天的日本已经基本不会见到（见图1-17）。从1934年到1958年可以看出，雅马哈非常积极地拓展其他业务时，又担心损失品牌印象，所以采取措施——在标志上直接加入写实钢琴元素。完了还不放心，甚至加上文字再度予以强调，显然极为迫切地告诉消费者："我们主要卖钢琴！"今天看来，他们成功地做到了这一点，毫无疑问，视觉在其中发挥了巨大作用。

图1-17 第四代+标志（1956-1958）

图1-18 第五代标志（1959）

5 面向世界（1959—1967）

1958年，雅马哈在墨西哥成立了第一个海外子公司，自42年前获得国际大奖后，这次是雅马哈真正开始走向世界，此时一个国际化的标志显得非常必要。1956年标志上的日语不能被世界消费者所认识，所以雅马哈重新设计了标志。

新标志外部为一个圆圈，内部由三音叉和等腰梯形构成，梯形上有三道反白的圆头线条分别从上下方交错插入，整体非常抽象（见图1-18）。其中圆圈和三音叉要素是对之前的延续，然而更为醒目的等腰梯形和三根线条的创意是从何而来？

如果将这个梯形放在日本这个国家的特定语境下，就非常容易联想到典型梯形的富士山（见图1-19）。雅马哈官方没有对梯形具体含义的相关解释。但是如果仔细观察标志中的另一个细节，富士山的联想则颇具说服力。新标志中的三音叉乍一看似乎是直接沿用的1916年以来的三音叉，但仔细看就会发现做了不小的调整：之前三音叉外形更接近三角形，这次修改为圆形。由此，圆形的三音叉和等腰梯形一同构成了可以在世界范围内达成共识的日本印象：太阳下的富士山。

梯形中的三根线条造型来自音叉底部，单根线条的粗细与上方三音叉的单个单元粗细一致，使音叉与梯形之间产生了形式（对齐）

图1-19 日本传统绘画中的富士山

和意义（音叉）上的联结，图形的整体结构看起来更为清晰简洁。黑白相间的几何图形同时还象征着钢琴的黑白琴键，用一种较之前写实钢琴更为隐晦的符号化手法，再度宣告公司主营钢琴的品牌特性。通过这一系列带有隐喻性质的抽象符号，"富士山/日本""三音叉""钢琴"这些含义在无形之中得以传递。

6　大道至简（1967年至今）

20世纪60年代，日本经济飞速增长，逐渐成为第二大强国。快餐文化使人们对所见事物关注的时间越来越少，平面设计担负起更重要的角色，设计师们必须更加绞尽脑汁地帮助商家尽可能长时间地留住观者视线、尽可能多地在观者视网膜上留下印象。在这样的背景下，1966年，雅马哈音乐基金会成立，品牌迅速将业务拓展至欧洲。为了更高效地吸引消费者，减少消费者识别品牌的时间，简化标志成了必然，同时将商标的使用范围规范化（见图1-1，图1-2）。

1967年的标志仅仅保留了三音叉与圆圈两个元素，在细节上，形态有别于1916年的细长与1927年的厚重，将所有线条、正负图形规范化处理，如音叉的两条开叉线条完全平行、三个音叉交叉而成的负形处理成标准化的圆形和椭圆，使得整体在视觉上更为匀称和严谨。

字体上采用了当时流行于欧美的赫维提卡体。赫维提卡体是1957年由瑞士字体设计师马克斯·米丁格和爱德华·霍夫曼设计的一种风格中立的无衬线字体，也是当时最流行的无衬线字体之一，很多品牌都在标志中直接使用或对其稍加修改，例如丰田、宝马、微软等。

1967年至2016年雅马哈公司一共进行了4次标志的微调，远没有前6次变化来得大。这些变化包括正负形组合变化、图形与字体比例和距离微调，整体朝着一个越来越精致简约的风格发展，表现出一种显著的稳定性。这恰恰反映出一种大品牌的自信：雅马哈已经在世界乐器市场上占据龙头地位，在消费者心中已然树立起了稳固印象。自此，三音叉已成为一个与品牌名称雅马哈并列的语词和视觉符号，与线条、空间、比例等有关的视觉形式亦趋于完美，如同它所传递出的品牌气质：笃定而坚韧。

小结

在雅马哈100多年的历史中,标志总共经历了6次大修改和4次小调整。19世纪80年代末由日本带有本土意义的凤凰引入西方音叉;20世纪初时机成熟,音叉开始独当一面;二三十年代企业面临内忧外患,标志采用莱洛三角形重述品牌历史和技术优势;30年代至50年代钢琴市场火爆,采用写实图像突出核心产品;60年代初企业正式进入国际市场,于是新加入具有日本民族象征意义的富士山元素,并以国际流行的几何抽象视觉语言予以呈现;60年代中后期日本经济腾飞,企业在民族自信中回归至简的三音叉形象……看似简单的符号背后,实际上凝聚着企业在或动荡或拓展中愈来愈笃定的品牌内涵和精神。雅马哈在100多年间不断开发和拓展新领域,但却牢牢地延续着最初那个关于音叉的质朴而励志的故事精神。随着年岁的过去,这个故事逐渐被抽离成越来越纯粹的符号。

第二章

时间的洗礼

凯迪拉克

1902 年

如果说雅马哈的三音叉历史透露出典型的日式内敛与执着，凯迪拉克的十字盾牌则彰显了一种美式张扬与激情。与山叶寅楠拥有修理制造上的天赋和努力相似，凯迪拉克的创始人亨利·利兰（Henry Martyn Leland，1843—1932）也以高超的制造技艺闻名于世，并都借由自身技术优势创建品牌。但是，利兰并未以自己的姓氏命名公司，而是取名自公司所在城市底特律的开创者、法国探险家安东尼·门斯·凯迪拉克（Antoine Laumet de La Mothe, sieur de Cadillac，1658—1730）（见图2-1）。公司成立之初恰逢底特律庆祝完建城200周年，凯迪拉克又是后来被誉为"汽车之城"底特律的第一家汽车公司，这些机缘或许让亨利·利兰更容易怀想起与公司一样富于开创精神的凯迪拉克其人。我们今天所熟悉的盾牌标志亦是源自凯迪拉克家族徽章。

图 2-1　凯迪拉克先生雕塑

有趣的是：底特律的名字来自法语"Rivière du Détroit"，意为"海峡之河"（River of the Strait），最初也与人名有关。凯迪拉克先生最早将城市命名为底特律河畔蓬查特兰堡（Fort Pontchartrain du Détroit），源自路易十四（1638—1715）的海军大臣蓬查特兰伯爵（Louis Phélypeaux, marquis de Phélypeaux, 1643—1727）的姓氏，后来才简化为"底特律"[1]。凯迪拉克和利兰同样都选择以他人姓氏来命名自己开创的事物，至少对利兰来说这绝非偶然，因为在凯迪拉克汽车之后，他又以总统林肯（1809—1865）为名，于1917年创建了林肯汽车。由此看来，亨利·利兰与凯迪拉克两人似乎有某种跨越时空的默契，都愿意将荣耀归于他们喜爱的人。

了解凯迪拉克这样有趣的历史背景后，不禁生出好奇：源自法国的"贵族精神"在异乡美国的土壤落地生根，在标志这一核心视觉上发生了怎样的化学反应？百余年来标志所经过的近40次修改中都有哪些重要变化，以及为何会有这些变化？

1 从"拿来主义"到"我带你飞"

亨利·利兰虽然直接采用凯迪拉克的姓氏作为公司名称，但是与大多数品牌早期状况相似，这位工程师出身的老板最初显然更加专注于汽车各项硬性指标本身。1902年一直到1906年，公司不断地通过参加各类汽车赛事检验和提高产品品质，但却并没有任何

---

1. Detroit. 美国地质局地理名称信息系统. 2009-07-27。

正式标志。代替标志功能的是印有凯迪拉克文字的汽车车牌，编排设计上比较考究（见图2-2）。"Cadillac"采用手写字体，底下加上了一道通常签名惯用的长斜线，在凯迪拉克先生曾经的信件落款中能找到类似的签名方式（见图2-3）。车牌上的其他文字信息则主要采用古罗马印刷体的变体，以不同的字体和字号引导阅读先后顺序，同时又通过更改字母笔画细节使之统一。所有内容刻意编排在车牌的长方形内，再饰以粗线边框。这些设计细节使得尽管文字信息编排的空间极其有限，但是通过使用恰当的编排技巧，仍然能够引导观者进行层次清晰、有条不紊的阅读。

图 2-2　凯迪拉克车牌（1902—1906）

图 2-3　凯迪拉克先生信件末尾的签名

比拿来签名修改更为直接的是：当1906年凯迪拉克需要一个正式标志放在汽车和发动机上时，利兰与他的团队索性直接照搬来凯迪拉克家族的徽章（见图2-4）。这是一个主要由盾牌（代表征战）、皇冠（象征法国王室）和郁金香（象征胜利和神圣）组成的图案。中心的盾牌内部由代表"十字军东征"的"十"分为四个部分，对角对称，左上角和右下角分别有三只黑鸟，是一种传说中十字军东征在圣地发现的无脚鸟类，又称为梅勒特（merlette），象征圣父、圣灵、圣子三位一体。

令以往许多研究法国史的历史学家都意想不到的是：在以史料研究和实地考察等方式认真追溯凯迪拉克家族渊源时，才发现许多比简单贵族英雄故事更生动的历史事实。凯迪拉克原名为托尼·劳米特（Tony Laumet），并非法国上流社会的贵族，但却凭借自己的聪明和热心冒险而获得财富和勋章[2]。他给自己改名为凯迪拉克——一个富于军事特色的名字，并且从曾经的邻居——一位真正的法国贵族拉莫特家族（Bardigues）徽章上借用了盾牌、无脚鸟、皇冠、线条等部分（见图2-5），用名字和家族徽章一同塑造了自己的贵族身份。从他采用的几个符号来看，凯迪拉克先生大概熟稔徽章上各个元素的含义，并根据自己的喜好组成了新样式，在今天看来，修改后的结构和图形较之模仿对象都更为清晰简洁和明亮大方。

图 2-4 凯迪拉克家族徽章

图 2-5 拉莫特家族徽章

古时欧洲的家族徽章主要用于战争中分辨敌我，只有真正的贵族才能拥有并代代相传。从凯迪拉克先生对所"拿来"徽章的修改可以看出他期望打造的家族形象及个人审美意趣。他保留原徽章上的皇冠、盾牌和无脚鸟，去除了一对战马，并加入盾牌上的十字和

---

2. 此处参见《Antoine Laumet（又名 Antoine De Lamothe-Cadillac）和凯迪拉克"家族徽章"》一文，来源于 http://www.newcadillacdatabase.org/static/CDB/Dbas_txt/Coatarms.htm，2020-05-26. 该文主要引自 Suzanne（苏珊娜，法国）的原文"安托万·德拉莫特-凯迪拉克生活中的历史地标"。

郁金香，盾牌和皇冠上的复杂装饰也得以简化。新图形看起来更接近不具有任何特指意义和个性色彩的通用符号。盾牌上"十字军东征"的符号、象征胜利的郁金香和代表贵族的皇冠，都表明凯迪拉克先生对以贵族身份参加正义之战并获取胜利的热切向往。一些研究表明，真正的贵族拉莫特家族的徽章可能要追溯到13世纪，比凯迪拉克先生仿造徽章的时间整整早了差不多5个世纪。显然，凯迪拉克先生在借鉴他人徽章时，带着他所处新时代的审美观念和与自己探险性格相符的超前思想，以至于即使跨越2个世纪，当亨利·利兰直接拿来用在凯迪拉克汽车上时，它一点儿也不显得过时。1906年，这枚标志正式注册。

2年后，随着凯迪拉克工厂开始更加重视零件的标准化和高精度，以增强配件的通用性从而达到降低维修成本的目的，凯迪拉克车标也进行了一些相应修改：去除最外圈的郁金香装饰，代之以工业化气息浓厚的几何圆圈，皇冠的珍珠从之前的7个增加至9个，文字从之前凯迪拉克全名"LA MOTHE CADILAC"简化为"CADILAC"，置于皇冠的上方，底部则加入当时公司的品牌口号"STANDARD OF THE WORLD"（世界标准）（见图2-6）。1912年，凯迪拉克发展成为第一家在汽车中装备电子起动、照明和点火装置的公司，英国皇家汽车俱乐部给凯迪拉克公司颁发了奖章，并永久性地授予凯迪拉克公司"世界标准"的荣誉称号。凯迪拉克成为史上唯一一家被皇家汽车俱乐部授予该称号的公司。1909年，凯迪拉克公司加盟通用汽车公司。

20世纪20年代，凯迪拉克首次推出喷涂彩色车漆的 La Salle 车型，同时也是全球第一款有颜色的汽车。为了纪念这一划时代的创新之举，凯迪拉克再次更新车标，将皇冠和盾牌合二为一，并将郁金香花环重新放回圆圈之中（见图2-7）。此时，凯迪拉克文字开始从车标中消失。这符合品牌发展的一般规律：当标志中的图形已为消费者所熟知时，便开始经常脱离文字独立出现。

1931年，美国处于大萧条时期（1929—1933），凯迪拉克期望利用发动机确保其作为顶级豪华轿车的地位，特意打造了V16发动机和V12发动机，给汽车行业带来了巨大的技术革新。全球第一辆配有V16的SPORT PHSETON上市，由此而来的自信直接生动地反映在对标志大刀阔斧的修改上。此前曾裹在郁金香或圆环中的皇冠和盾，像是破茧而出、舍去所有外围装饰而增添了一对平展的翅膀，仿佛一只傲视天下的雄鹰（如图2-8）。但是，这种巅峰状态并未持续多久，随着美国经济大萧条日益严峻，V16被迫停产，展翼式车标随之消失。1941

图 2-6　1908 年

图 2-7　20 世纪 20 年代

图 2-8　20 世纪 30 年代初

图 2-9　20 世纪 40 年代初

年,太平洋战争爆发,凯迪拉克成为美国军工厂,此前的展翼式车标向上收拢,看似低调了许多,但实际却犹如蓄势待发随时俯冲的猎鹰,又似一颗刚刚发射出膛的炮弹。从展翅飞翔到收拢双翼,里面蕴含着典型的美式幽默和直率(见图2-9)。自采用凯迪拉克家族徽章后的20多年,凯迪拉克汽车在自信心达到巅峰时,第一次摆脱了原有徽章的桎梏,掌握主动权带着徽章的核心符号"飞"了一阵。

2 从"浮夸"到"返璞归真"

二战结束后,凯迪拉克恢复民用车的生产,并着手研发新车型,这一时期开始出现装饰性的尾翼,给驾驶汽车的人以驾驶飞机的想象,并称之为"会飞的汽车"[3]。20世纪40年代末,出于对二战中美军战斗机搭载过通用发动机过往的自豪与怀旧,通用汽车设计总监哈利·厄尔在设计中加入了闪电战斗机巨型尾翼元素,并将其元素搬到了1948款凯迪拉克的车尾设计上[4]。这两块小小的隆起开创了尾鳍车的新风潮。

1947年,凯迪拉克延续二战前后标志的双翼形式,在皇冠、盾牌下方增加了"V"型,以强调凯迪拉克奠定了世界V型发动机的品

---

3. 设计师传记(7)汽车设计之父哈利·厄尔 [EB/OL].https://www.autohome.com.cn/tech/201201/285045-5.html?pvareaid=3311700,2012-01-31。
4. 名人与车| 现代汽车设计的先驱哈利·厄尔 [EB/OL].http://www.360doc.com/content/20/0609/12/70390445_917365010.shtml,2020-06-09。

质标准[5]（见图2-10）。这一时期，凯迪拉克还对旗下车型的前脸风格进行了改进，为了与在水平方向上具有延伸感的全新格栅造型相搭配，凯迪拉克的车标也变得又扁又宽。我们今天看到的凯迪拉克"压扁"的标志造型来源于此（见图2-11）。

图 2-10　20 世纪 40 年代末

20世纪60年代至70年代，极少主义开始在美国盛行，主张以极少的形象与色彩表达形象，摒弃一切干扰主体的不必要因素。这一时期，比尔·米切尔接替了其师傅哈利厄尔在通用设计副总裁的职位。比尔·米切尔崇尚简约的设计，此后凯迪拉克车身设计越发简约，车身上的镀铬装饰逐渐减少，尾翼也逐渐减少直至消失。受到极少主义风潮的影响，消费者也逐渐抛弃以往强调越大越美的汽车造型。一阵浮夸的装饰风吹过后，传统而保守的简洁造型蔚然成风。

图 2-11　1957 年

图 2-12　1964 年

1964年，标志犀利的V型被摒弃，代之精致柔软的桂枝，显得更

---

5. 车标故事系列十一：凯迪拉克车标演变史 [EB/OL].https://www.autohome.com.cn/%20culture/201504/868574-3.html?pvareaid=3311700，2015-04-26。

为典雅柔和（见图2-12）。全新的标志是以一种新时代样式怀念自身过去的经典样式。

3 未来与科学

20世纪80年代至90年代简约主义成为全球主流，要求将设计元素、色彩、原材料简化到最低限度，但对质感提出近乎苛刻的要求。90年代末，新任通用设计副总裁韦恩·切利（Wayne Cherry）提出"艺术和科技"的未来设计哲学[6]。1999年，凯迪拉克迎来了标志的又一次重大变化。新标志内外部棱角分明、大胆果断，表明凯迪拉克在行业内的领导地位和未来在科学技术上的突进决心。标志内部的皇冠、无脚鸟等图形首次被舍弃，盾牌内部完全简化成了蒙德里安式色块，两支桂枝不再束缚于组合的自然合理性，而是合二为一为更整体的圆环，从具象的合理性追求中摆脱出来成为纯粹的符号。颜色仍旧保留了从始至终的金、红、黑、银、黄、白、蓝。官方对颜色组合的解释是：金色和黑色象征智慧和财富，红色代表大胆的行动，银色和白色表示纯洁与善良，黄色意味着美德和丰富，而蓝色代表了凯迪拉克先生最初所热衷的骑士精神（见图2-13）。

"未来与科学"在21世纪成为指导凯迪拉克设计汽车的创新理念，品牌视觉也相应融入了更多未来科技感。在这种理念驱使

---

6. 凯迪拉克成就的时代，设计强人，不妥协的人生 [EB/OL].https://baijiahao.baidu.com/s?id=1646914047062975140 & wfr=spider&for=pc，2019-10-09。

下，2014年，凯迪拉克再度做出大的修改，整个标志仅仅保留象征征战的盾牌，盾牌上方钝角被完全压平，整体形态压扁，搭配流畅的英文手写体，呈现出强烈而典雅的速度感（见图2-14）。这个图标对凯迪拉克来说有着划时代的意义，从最初的家族徽章一步步走来，在百余年时间长河的洗涤下，终于不再需要皇冠来向消费者宣告自己的高贵，也不再需要桂枝夸耀自己的胜利，而仅仅保留下品牌精神中最核心的部分，象征骑士精神的、不断征战的十字盾牌，以这种极简的符号来表明自己对"未来与科学"永不停止的进取决心和乐观态度。

图 2-13　1999 年

图 2-14　2014 年

图 2-15　2021 年

2021年，凯迪拉克继续表达新时期对于"未来与科学"的理解，迎来了标志的大胆调整，更扁平的盾牌，更冷静的字体，并彻底摒弃色彩，代之以纯粹的黑白（见图2-15）。由此，观者的注意力被更多引向盾牌清晰的轮廓和内部结构，眼目带动心灵，使观者触动于图形所带来的力量感和速度感。

小结

时间有着去伪存真的神奇魔力。从凯迪拉克先生的底特律城到亨利·利兰的凯迪拉克汽车,无论历史上凯迪拉克先生如何精心伪造自己的贵族身份,他真实的探险精神仍广为后世所纪念。随着他故去后历史学家掌握越来越多的史料,质疑他贵族身份的人也加增甚至对他颇有微词。但是,在"英雄不问出处"的美国,当一家同样富于开拓精神的汽车公司使用他伪造的名字和家族徽章时,凯迪拉克其人和他灵魂中最珍贵的部分以另一种生命形态得以延续。同样,凯迪拉克汽车从直接"拿来"名字与徽章伊始,凭借自身在技术领域的不断精进、探索,日益稳固自己在世界汽车行业的高贵地位,外在视觉形式逐渐从皇冠、无脚鸟、郁金香、桂枝等用以表达自己贵族身份、神圣地位和胜利姿态的图腾中脱离出来,寻找到最能代表自身品牌精神与价值的视觉语言,即象征征战精神的十字盾牌,简明扼要、独立自信、面向未来,完成了时间对它的洗礼。

第三章

闪闪五角星

匡威

1908 年

匡威的品牌之路最初与篮球有密切关系。1891年,美国马萨诸塞州斯普林菲尔德基督教青年会训练学校(现译为美国春田大学,Springfield College)的体育教师詹姆士·奈史密斯发明了篮球。26年后,第一双篮球专业运动鞋在美国诞生,但并非来自今天我们熟知、活跃于竞技运动赛场的阿迪达斯或耐克,而是来自似乎已主要转向时尚休闲领域的匡威。

大众对匡威的印象大体包括"反叛""不羁""自由"……这些抽象词汇都被统帅在同一符号之下,它便是匡威标志中的核心符号——等边五角星。五角星是世界上最古老的符号之一,在古代巫术中用于护身符,后来常出现在各国军队和国旗中,含有胜利的意思。原本气质如此"严肃"的符号,百多年来用在帆布鞋上时,却营造出与军队和国家威严感截然不同、反叛不羁的时尚氛围。

由此,在匡威品牌的视觉历史中,五角星符号究竟是以何种方式呈现,使匡威能够将"认真"与"不羁"这一对看似矛盾的概念一并融入其品牌精神当中?这是本章将要回答的问题。

图 3-1 Converse 橡胶制品公司

1 五角星的凸显：从"功能"到"精神"

1908年，47岁的摩尔·匡威（Marquis Mills Converse，1861—1931）离开一直以来就职的美国橡胶公司，以自己的姓氏"Converse"为名，创办了一家仅有十几个工人的橡胶制品公司[1]（见图3-1）。新公司刚开始对产品并没有明确定位，除了生产男女成人和儿童橡胶鞋外，还生产许多其他橡胶产品，甚至包括轮胎[2]。直到1914年第一次世界大战爆发前后，全世界大范围经济萧条，物

---

1. *The Impact of Globalization on the United States* [3 volumes][M]. ABC-CLIO, 2008.
2. Ms Molly Isabella Smith, *A Brief History Of The Converse Chuck Taylor All Star Sneaker* [EB/OL]. https://www.mrporter.com/en-ch/journal/fashion/history-converse-chuck-taylor-all-star-sneaker-icon-1276662. 2020-6-14.

资极度短缺，公司库存仅剩廉价的帆布和橡胶。于是，公司想要尝试以这两种材料生产一款低成本鞋子，以维持公司运营和满足民生需求。匡威先生当时秉持着一个简单的想法：好好做鞋，做出轻便舒适、全美国人民都喜欢的鞋，也顺便多挣点钱。

为了用有限的材料制造出更牢固的鞋子，工人们拿帆布和橡胶反复试验，最终发现当把它们扔进火炉里时，高温会使橡胶硫化，硫化后的橡胶能与帆布完美黏合，由此得到了极其牢固、抓地力强的帆布胶底鞋。

这种创新精神并非偶然。"Converse"一词意为"相反的事物""逆的"，其"反"带有强烈的客观性。比如陈述事实的相反一面，即"反过来说"，倾向于转换角度陈述事实，而非罔顾事实的反叛。正所谓人如其名，品牌亦是如此。摩尔·匡威先生在1913年的匡威产品目录中，曾这样表达匡威的品牌精神："无论是生产环节还是销售环节，橡胶鞋厂都希望能有充分的独立性，不必循着其他公司的脚步，匡威公司自1908年创办以来对此就深信不疑。"不盲从潮流，有自己的独立思考，这成为匡威百年前起至今的品牌标签，并转化为反叛不羁、源源不断的原创力。

技术革新和原创力促使此后的匡威不断推陈出新。不久，匡威便向市场推出两款分别名为"Sure Foot"（稳步）和"Non-Skid"（防滑）的运动鞋，特别强调其功能和性价比，极其务实（见图3-2）。这一时期的广告单上，有的印有"The All-American Basket-Ball Shoe"（全美篮球鞋）的字样。此时，五角星还未出现，匡威的标志是一个印有"C"字母的圆形印章，置于鞋子脚踝部位，开启了匡威高帮鞋此后

100多年脚踝处印有圆形标志的传统（见图3-3）。匡威也逐渐停止此前大杂烩式的橡胶品生产，转而专门生产运动鞋。随着20世纪初篮球在美国愈来愈流行，相应的篮球鞋市场却相对匮乏，匡威开始进一步聚焦于更专业的篮球鞋开发和生产。1917年，匡威首次推出All Star（全明星）系列的专业篮球鞋。

图3-2 Converse 两款运动鞋

值得一提的是："All Star"在今天被提及时，一般是指美国NBA全明星赛（NBA All Star Game），是由美国职业篮球协会在1951年首次举办，之后演变为每年一度的NBA球星汇集的表演赛。这种竞赛形式来自1933年全美职业棒球联赛全明星赛。当匡威在1917年首次使用"All Star"的概念时，带有着所有人都是闪亮明星的平等而美好的愿景，这个提法比职业棒球联赛早了整整16年，比NBA更是早了34年。

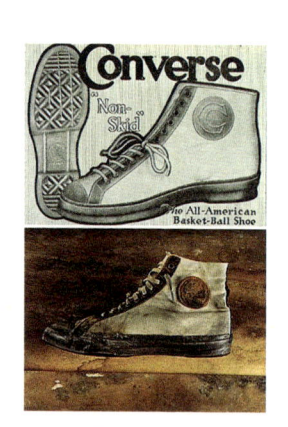

图3-3 广告单与其第一代标志

实际上，"Star"作为"明星"的含义，出现在19世纪末电影诞生、经典好莱坞时期产生明星制度之后。在第一位电影明星弗洛伦斯·劳伦斯出现后，许多制片厂才纷纷开始效仿制造各自的明星。篮球赛作为一种体育项目，在电视等媒介普及之前仅仅纯粹是竞技，并没有哪一位运动员拥有"明星"身份。直到20世纪50年代，NBA第一位真正意义上公认的"明星"乔治·麦肯（George Mikan，1924—2005）才出现。由此可见，

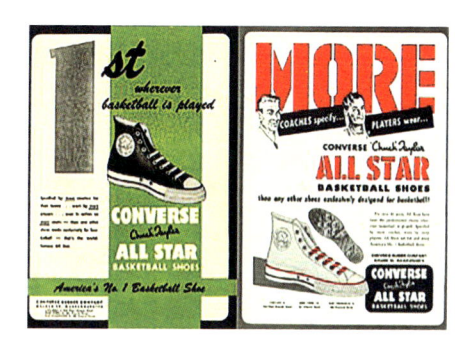

图 3-4　第二代标志

匡威使用"All Star"命名篮球鞋，与此前将帆布与橡胶完美结合一样，都极富开创精神。

紧随"All Star"名称而来的是匡威此后的视觉核心——五角星。这也是"All Star"显著进步于"Non skid"和"Sure Foot"之处：从强调实用性的物质层面，发展为追求个性化的精神层面。"All Star"亦成为史上最畅销球鞋及后来匡威四大经典系列之一。之所以产生巨大销售量和长远影响力，很大程度应归功于篮球运动员查尔斯·查克·泰勒（Charles Chunk Taylor，1901—1969）的宣传，他也是全美历史上第一位"品牌签约代言人"。Chunk Taylor 非常喜欢 All Star，会穿着它参加各地比赛并推荐给各篮球队。甚至后来他自己还成为匡威的销售方，卖到所有篮球运动员几乎人脚一双的程度。为此，匡威将他的签名融入 All Star，这就是后来声名大噪的"Chuck Taylor All Star"。此时五角星与 Chunk Taylor 签名组合代替了之前"C"字母标志，出现在脚踝处的圆形补丁上（见图3-4）。

早期五角星与签名的组合方式，是后者叠加于前者之上，图形和文字都是以线条表现，类似帆布鞋上的针脚，五角星居中但一点儿也不醒目；并且，无论在黑色还是白色帆布上，圆形补丁标志都为白底黑线，放置于深色鞋面上，这使得圆形补丁比标志中的图形和文字都更引人注目（见图3-4）。

图 3-5　第三代标志

1932年之后，"All Star"系列新标志保留了最初的圆形补丁、五角星、CONVERSE 和 ALL STAR，以及 Chunk Taylor 签名这几个要素，但是编排细节发生了较大改变（见图3-5）。

圆形补丁制作得更加别致，由一个圆形实线框与两个圆形虚线框等间距组成补丁的边界；五角星改为完整闭合的面，CONVERSE 和 ALL STAR 的字样不再首字母放大，而是将所有字母处理成等大，拉大字间距，使之均匀分布在中心五角星与圆形形成的上下留白空间；Chunk Taylor 两个单词被分隔，呈对称式分别放在五角星腰下左右两边。由此，标志中五个基本元素通过中心对称式编排，实现了对观者的视觉流程引导，将五角星清晰地放在了最核心的位置，视觉第二位的元素是 CONVERSE 和 ALL STAR，再其次是签名，最后是圆形线框；同时，配以美国经典国旗色彩蓝白红。逻辑清晰的中心对称编排结构和典型美国红白蓝构成了标志整体的端庄严肃感，而处于视觉次要地位的手写字体和双虚线框贡献了标志耐看的细节趣味，使一对看似矛盾的概念得以和谐呈现。

从"Non Skid"和"Sure Foot"到"All Star",匡威完成了从强调鞋子功能、质量优势,到追求品牌精神的蜕变。在一个品牌内部,产品质量如同万丈高楼的地基,是安全性上无须多言的最基本保证;个

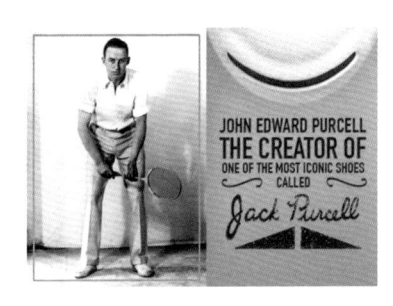

图 3-6　Jack Purcell 与 SMILE 弧形设计

性化的精神与理念追求则是品牌提供给人的认知与想象,是品牌之所以为品牌的关键。匡威公司在创办早期的20多年里,迅速而精准地完成了产品聚焦和理念定位,并将之视觉化为围绕五角星展开的系列符号,此后便一直沿着这条理念与视觉之路稳步前行。

2　隐匿的五角星:"开口笑"

除"All Star"系列之外,匡威今天同样的经典系列还有"Jack Purcell",因鞋头特殊的SMILE弧形设计而得名"开口笑"。

"Jack Purcell"的名字来自加拿大籍羽毛球世界冠军 Jack Purcell(1903—1991)。1935年 JackPurcell 亲自设计了这款鞋子,并交由 B.F.Goodrich 公司负责生产。B.F.Goodrich 公司与匡威一样是生产橡胶制品的公司[3](见图3-6)。开门笑在刚开始的20多年间销

---

3. WouterMunnichs, *Rare Vintage 'Jack Purcell' Shoes From 1940*, https://long-john.nl/rare-vintage-jack-purcell-shoes-from-1940/[EB/OL], 2014-9-24.

售平淡，直到20世纪70年代受到披头士、猫王等明星青睐后，市场销售量渐入佳境。1973年，Goodrich 公司因放弃运动鞋业务而将旗下一些运动鞋品牌和开口笑打包出售给匡威。但匡威因主攻篮球鞋市场，接手开口笑后冷落了它10多年。80年代末，耐克取代匡威成为美国篮球鞋市场的领头羊，匡威在转向主攻休闲鞋市场时，注意到历史悠久并且名人上脚最多的开口笑。

图 3-7　2013 年 Jack Purcell 系列标志

图 3-8　Jack Purcell 系列与 One Star 结合标志

匡威打出了许多怀旧经典的广告，但是仅仅靠这些过去式并不能对 JackPurcell 的成功产生决定作用。幸运的是：匡威找到了一位极为合适的代言人——Kurt Cobain。他是美国地下乐队 Nirvana 的主唱，在公众场合几乎只穿匡威，而其中又以开口笑为频率最高。人们争相模仿 Nirvana 乐队的行为举止——离经叛道、焦躁、吸毒、放浪形骸，以及Kurt Cobain 脚下的匡威。随着 Kurt Cobain 在家中穿着匡威饮弹自尽，匡威和开口笑被喜爱 Nirvana 的粉丝彻底神话，销量迅速成为休闲鞋界的一匹黑马。

自1973年接手开口笑之后，匡威沿用了原有Jack Purcell签名和底下两撇三角形胡子的标志,仅仅在鞋垫上打出了匡威的字样,代替原来的 Goodrich。这是由于 Jack Purcell 早在 Goodrich 时期便已单独注册过商标,并且,经典与怀旧是匡威对这款鞋子的底色定位。2013年,匡威发布全新的 Jack Purcell,低调地在"Jack Purcell"签名上方加入了 CONVERSE 标志和字母"O"当中的五角星负形。双线框、更加简洁有力的无饰线 CONVERSE 字体、印刷与手写体中间用以分隔的细线、微浮雕质感,所有细节都透露出匡威特有的严肃与活泼并存的时尚气息(见图3-7)。

在 Jack Purcell 系列中,匡威五角星始终或隐匿或低调地出现。到了21世纪,当它与匡威的另一系列"One Star"结合时,才又添加了新的样式——在鞋后跟原标志的上方,加上了一对醒目的五角星。如此细致经营、谨慎长远的视觉发展策略,反映出品牌背后的独特智慧(见图3-8)。

3　耀眼的五角星:星箭 & One Star

诞生于20世纪70年代的"Converse Star Chevron"(又称星箭)和"One Star",与前文提及的"All Star"和"Jack Purcell"一同组成匡威的四大系列。

"Star Chevron"中的"Chevron"意为V形线条或图案,常用于军人、警察制服上表示军衔或警衔。由于它在鞋上的代表性符号是由五角星和箭头组成,因此又被称为"星箭"。它推出的时间是20世纪六七十年代篮球鞋市场竞争最激烈的时期。匡威虽然当时已经成为NBA的指定用鞋，占据着黄金曝光时间，但由于60年代末NCAA开始禁止球员在NBA赛场上使用花式灌篮技术，于是有更多新人参与、更"炫酷"的ABA联盟诞生。彪马和阿迪达斯也借机向球员们分别兜售他们的新款篮球鞋。匡威需要做出应对才能继续保持在篮球鞋市场的地位。

1974年，匡威签下还在ABA打球的"J博士"朱利叶斯·欧文（Julius Irving），随后推出印有"Star Chevron"标志的Pro Leather，使用真皮材料制作鞋面。1976年NBA与ABA合并，Julius Irving穿着这款鞋在NBA全明星扣篮大赛中打出了他最著名的罚球线起跳扣篮，随后他成为唯一一位在ABA和NBA中都获得过MVP（最有价值球员）的球员[4]。在这样的"爆点"下，Converse Star Chevron的Pro Leather开始成为赛场上最常见的球鞋。

如此，我们不难理解为何不同于All Star和开口笑的低调，星箭系列是相对活泼、好胜的风格。它诞生于篮球鞋竞争最激烈，篮球竞赛最火爆的时间段，最初投放在更为年轻有活力的ABA中。但需要注意的是：星箭的攻击性风格非常有节制，仍然能够与All Star和开口笑和谐地置于同一品牌中，维持着品牌整体的低调风格。几个系列之间的差距，如同橡皮筋拉扯时形成的适度张力，既为品牌产品风格创造出一定程度的丰富性，同时又仍然能够被统帅在一个整体之中。

具体到设计中，五角星不再像其他系列端端正正的模样，而

---

4. Adam Jane, *Baseline Moves: A History Of The Converse Pro Leather*https://www.sneakerfreaker.com/news/baseline-moves-converse-pro-leather[EB/OL],2017-2-2.

是采用30°角往鞋头朝向旋转，箭头在五角星倾斜方向，因略微呈拉伸的弧线而带有动感，五角星肩部的线条与箭头尖处在同一直线上，造成一种五角星倾斜产生一股力量推着箭头向前的

图 3-9 "Converse Star Chevron" 系列标志

视错觉。这个组合被置于 Star Chevron 系列鞋子的外侧，采用强烈的色彩对比，使得具有动感的星箭轮廓得以更加突出（见图3-9）。

  Star Chevron 星箭在20世纪70年代着实火了一阵，但在80年代 Nike 和 Adidas 强势攻入篮球鞋市场的冲击下慢慢沉寂，在21世纪初宣告破产转而被耐克收购。然而匡威自身独立的品牌价值已经形成。与匡威在七八十年代对其收购的 Jack Purcell 开口笑的处理相似，耐克并没有在匡威鞋上强行植入自己的对勾商标，而是在保持其独立性基础上做了适度革新。由于极为看好匡威在休闲鞋上的潜力，2016年，耐克特意将自己原有优秀团队——市场总监 Davide Grasso、设计师 Sean McDowell 和高级市场总监 Julien Cahn 空降到匡威任职。匡威在之后两年相继推出了 Chuck Taylor All Star II 以及针对城市年轻人的新产品 Chuck Modern[5]。

---

5. Hilary Milnes, *Converse wants Chuck Taylor to be a fashion shoe*, https://www.glossy.co/rise-of-streetwear/converse-is-campaigning-the-chuck-taylor-as-a-fashion-shoe/[EB/OL], 2017-3-2.

与此相应，2017年星箭组合成为匡威官方新标志，代替了原来五角星镶嵌在"CONVERSE""O"字母中的旧标志（见图3-10），低调的五角星被放大、倾斜，成为绝对主角。新标志和该系列新款运动鞋，较之20世纪70年代Star Chevron鞋上的星箭都发生了改变，箭头由略带弧度的柔和曲线改为干脆利落的直线，显得更加醒目张扬，富于年轻活力。虽然是全新的面貌，但由于星箭组合由来已久，新的改变既能够融入新时代年轻群体，但又不会令老粉丝感到陌生（见图3-11）。

图 3-10　第四代标志

图 3-11　2017年第五代标志

星箭以新形式回归背后所反映的是：与其他休闲运动品牌一样，匡威面临着吸引青年群体的共同挑战。对于logo新变化，匡威副总裁Adam Cohn宣称："匡威的存在是为了服务青年精神，推动各种运动〔movement(s)〕[6]。因而新logo要表达的含义也很清晰：延续传统，同时表现出不断前进的态度。"这里的"运动"具有双关之意，既指身体运动，也暗指社会文化层面的运动。

与星箭诞生于同一时期的One Star是匡威革新的代表。在这一系列鞋子中，五角星彻底摆脱圆形补丁的束缚，也不需要星箭辅以的箭头，而是以一颗独立的五角星出现在鞋面上（见图3-12）；鞋

---

6. Josh Rubin, *How and Why CONVERSE REDESIGNED THEIR LOGO* https://coolhunting.com/design/converse-logo-redesign-andy-cohn/[EB/OL], 2017-7-24.

型也发生了改变，摒弃了曾经单一的高帮，代之以具有高度舒适度和透气性的低帮。同时，它大大拓展了对各类材质的尝试，结合了真皮和传统帆布鞋的优势，五角星在材质、线面、凹凸浮雕等对比中呈现，并产生无穷无尽的组合变化。一颗永恒不变的五角星与源源不断的创意视觉表现，体现出品牌一贯的独特信念：坚守传统同时引领时尚。

图 3-12 "One Star"系列五角星标志

星箭和 One Star 都属于相对纯粹的视觉符号，带有自由外向的视觉属性，较之 All Star 和开口笑，在与其他品牌合作及视觉艺术创作上具备天然优势。一方面，它们不断与其他品牌合作推出联名款，包括 fragment design、Stussy、UNDEFEATED、NEIGHBORHOOD、CLOT 等；另一方面，许多设计师、插画师和当代艺术家受邀参与到品牌视觉创意中，主题皆以五角星或星箭作为核心视觉元素。如2012年布景规划师及插画家加里·卡德（Gary Card）基于星箭图形，设计了星状基底、向上伸延的火箭塔，并将之改为立体 Converse 菱角星箭图编织于鞋面，成为一款颇具特色的限量鞋。

毋庸置疑，在全球青年文化一代又一代持续更新下，围绕着五角星符号展开的匡威品牌视觉故事，可以无止境并精彩地讲述下去。

小结

纯粹的形状总是具有无限潜力，这一点在匡威五角星身上体现得尤为明显。自匡威采用五角星作为品牌核心视觉符号之后，各个系列以鲜明的层次和丰富的样式把这颗匡威星带到我们面前："All Star"中从低调到醒目、具开创意义的五角星，"Jack Purcell"（开口笑）中隐匿在幕后的五角星，"Star Chevron"中倾斜带有力量感的星箭，最为独立自由彻底解放的"One Star"……以及本文中没有提及的其他衍生 Star。正如夜空中星星距离我们有远有近，忽明忽暗，才有了"一闪一闪亮晶晶"的浪漫传唱，由富于创造力的人们在百年间不断构建的匡威五角星，其成功之处在于它与夜空星星有着相似的丰富、神秘和无限可能，由此才能成为一个赋予品牌独特魅力的视觉符号。

第四章
联结的意味

奥迪

1910 年

团结、一致、平等、协作、互利、共赢……这一系列表达个体与个体之间合作关系的词汇，如果要找一个简洁的视觉符号进行传达，最合适的莫过于2个或以上大小相等的圆形水平相交。与此相关的品牌标志中，最具代表性的是奥林匹克五环和奥迪四环。奥运五环代表五大洲，奥迪四环最初也代表着4家公司。虽然两者处在截然不同的领域，但它们颇为相似的标志形态和名称发音，不禁让人产生疑问，最初的奥迪四环到底有没有受到奥运五环的影响？

如果仅仅在国内网站上快速检索相关历史，很容易对奥迪诞生的年份和公司性质感到困惑。诞生时间上，有的说法是1910年，原因是"奥迪"这一名称此时正式于兹威考的法院完成登记注册；有的记录为1899年，因为奥古斯特·霍希（August Horch，1868—1952）在1910年创办奥迪之前，曾在这一年创办了霍希汽车公司；有的追溯到19世纪，因为1873年成立的NSU在20世纪并入奥迪，同时，1885年成立的漫游者（wanderer）也是现代奥迪的源头之一。公司性质上，有许多关于20世纪30年代奥迪与其他3家公司合并的历史介绍，造成一种今天的奥迪仍由4家子公司构成的错觉。虽然购买奥迪的车主未必关心奥迪更真实的历史及其"四连环"的确切内涵，但是就其在大众传播中原本应由历史文化带来的那部分品牌价值而言，无形之中势必会遭到损失。

实际上，从当代奥迪往前追溯，它在不同阶段经历了与不同的公司合并、解体、联合、收购、复兴……其中有长达25年的时间没有以"奥迪"为名挂牌过任何汽车。奥迪四环标志从1932年诞生至今，虽然外观并未发生太大改变，但实际含义却发生了很大变化。从奥迪漫长、复杂且坎坷的历史中，我们可以了解当代奥迪标志产生的源头和发展变化，从而更加理解它自身独立且独特的精神内涵。

1 霍希先生 & 奥迪

与"奥迪"这一名词关系最紧密的第一个人物是奥古斯特·霍希，德国汽车工业的先驱者之一[1]。他毕业于萨克森州米特韦达（mittweida）镇的一个技术学院，之后在曼海姆的卡尔·奔驰公司做到汽车制造部门经理的位置。1899年，也就是霍希31岁那年，他从奔驰出来在科隆成立了霍希公司，之后公司迁址至茨维考。

霍希公司的标志是一个上方顶着"HORCH"皇冠的"H"字母（见图4-1）。"H"处理为立体效果。仅从图形来看这个"立体"并不符合二维透视原理，但是当它应用在车头制作成浅浮雕时却非常实用，人们可以从各个角度观看到饱满的立体效果。为搭配当时

---

1. 章宁. 铸就豪华车典范德国霍希品牌历史简介_汽车之家 [EB/OL]. https://www.autohome.com.cn/culture/201101/164817.html，2011-01-03。

的吉普车型，车标上方还饰有一座老鹰状几何立体雕塑（见图4-2）。

10年后，霍希与其他公司董事会和监事会之间产生了资金分配上的分歧。他在提高汽车性能方面的高额投资遭到众人反对，于是在1909年离开自己创立的霍希公司，在同一个城市成立了另一家汽车公司。当他仍然使用"霍希"命名新公司时，公司被起诉并最终败诉。"霍希"及相似发音的名字几乎全被霍希公司抢先注册掉。在一次公司会议上大家正苦于找不到能用的名字，霍希一旁做拉丁文作业的儿子插话问为何不用"奥迪"？［德文"horch"发音类似"hoerch"（听！）翻译为拉丁文是"Audi"］。妙哉！大家一致认为这个名字显然比霍希更响亮！不久后，"奥迪"成功得到注册。

图 4-1 "HORCH"标志

图 4-2 "HORCH"标志实际应用

图 4-3 奥迪第一代标志

奥迪的第一个标志可以说极贴切地反映了公司高层们得到这个名字时的欢欣鼓舞，以及对新公司在未来世界市场的无比乐观。它由数字"1"、球形和印有醒目字体"Audi"的倒三角组合而成，整体外观呈菱形，像一个奖杯或一等奖颁奖台。以往相关资料通常将标志中的圆球描述为半圆，但从球体上绘制的阴影形态来看，将半圆理解为被倒三角遮蔽了半个圆的圆球大概更符合它的设计初衷（见图4-3）。当它应用在奥迪车头上时，不同于霍希公司贴在车体漆面的浅浮雕那种相对低调而古典的风格，数字"1"与半圆组合起来赫然立于车头，品质"全球第一"的信心显而易见（见图4-4）。奥迪的宣传亦与这种自信相匹配，在一张手绘宣传海报中，这个标志被放大到汽车的2倍，几乎顶住整张海报的上下边界（见图4-5）。

此时的"奥迪"与今天奥迪的最大关系在名称上。霍希和奥迪一同成为1932年奥迪前身汽车联盟4家公司中的2家。

图 4-4　标志的实际应用

图 4-5　标志海报

2　汽车联盟 & 四环（1932）

在加入汽车联盟之前，另外2家公司漫游者（wanderer）和小奇迹（DKW）早已分别在德国自行车、摩托车和汽车领域先后取得不菲的成绩。

漫游者是汽车联盟中创办最早的一家公司。1885年，2位技工 J.B. 温克尔霍弗和 R.A. 耶内克开设了一家自行车修理厂，不久就发展成为制造并销售名为

图 4-6　"漫游者"标志

"漫游者"的自行车，11年后他们将名字改为漫游者自行车制造公司。1902年，漫游者开始制造摩托车，1913年，正式涉足汽车行业，生产了第一款名为"Puppchen"（木偶）的小型汽车。

漫游者使用的标志是图形化的字母"W"，字母首尾笔画向外拉伸，加上逐渐向内延伸的线条缺口，使之在视觉上呈现向远处延伸的透视感。图形对称且富于张力，能引发观者对轮胎和老鹰意象的联想。"W"底下的"AUTOMONBILE"置于一条同样对称的飘带上，并巧妙地将2个"O"字母对齐上方"W"图形下的2个尖角，其他字母都随飘带稍微变形。由此，"AUTOMOBILE"中间以"M"为中心左右对称的"O"字母同时产生轮胎的意象（见图4-6）。双轮胎的形象在同一个标志中反复被强调，生动地透露出公司以交通工具或自行车起家的特色。另外整体来看，"W"和2个"O"又似一个头发飞扬、两眼瞪大的夸张卡通形象，漫游者（wanderer）角色形象隐藏在这些元素中，使标志充满人情味并十分耐看。

小奇迹（DKW）由丹麦工程师乔尔根·斯卡夫特·拉斯姆森（JørgenSkafte Rasmussen，1878—1964）和机械师约翰·温格霍夫（Johann Winklhofer，1859—1949）于1907年创办[2]。拉斯姆森从

---

2. DKW & 汽车联盟历史 [EB/OL].http://www.dyna.co.za/cars/history.htm。

1916年开始进行蒸汽驱动汽车试验，特为公司取名为DKW（Dampf Kraft Wagen 蒸汽驱动汽车的德文名称缩写）。1919年，拉斯姆森从雨果·罗帕（Hugo Ruppe）手中获得两冲程发动机的设计，为其命名为"Des KnabenWunsch"

图4-7 "小奇迹"标志

（"男孩的梦想"）的玩具发动机微型版本，1921年，这种发动机被改进成命名为"Das kleineWunder"（小奇迹）摩托车发动机。公司名称虽然十几年间都使用"DKW"，但具体含义却发生了3次变化，这位喜爱玩字母游戏的可爱创始人，把自己对发明制造的喜爱都藏在了3个字母背后。

小奇迹一直以摩托车生产为主，直到1928年才开始制造第一辆小型汽车，为汽车发动机改进和汽车的大众普及做出了突出贡献。公司标志较之汽车联盟其他3家公司相对简洁抽象，含义也更为晦涩。标志基础形是一个欧洲经典的盾牌，又酷似摩托车前脸，中间以一个长扇形将图形分为3部分，在扇面上方用无衬线粗体印着公司名称"DKW"（见图4-7）。这种底部尖锐，上方圆润的图形，给人以强烈的向上延伸与向下精钻的张力。

到20世纪30年代，漫游者和小奇迹各自从自行车和摩托车行业，逐渐发展并入汽车行业，为汽车联盟的形成完成了4家公司的内部储备。

外部环境上，欧美经济社会的历史进程促成了4家公司的合并。1929年至1933年资本主义国家经济大萧条严重波及德国各行各业，德国工业设备利用率下降到36%，汽车需求量也直线下降，许多汽车公司濒临破产，此时流水线生产相对更占优势，公司合并重组成为大势所趋。1932年，萨克森银行为了保持其在汽车行业的利益，支持上述4家公司合并成为汽车联盟股份公司（Auto Union AG）。差异化的经营特色成为它们的合并基础，它们每一家被指定生产特定产品：Horch 负责高端豪华车、奥迪负责中型豪华车、漫游者负责中型车、DKW 负责摩托车和小型车。

图4-8　汽车联盟的第一个标志

　　今天的奥迪四环可以直接追溯到这一时期汽车联盟的第一个标志[3]。这是一个一环套一环的并列四连环，每个环中心放置着原公司标志，旗帜鲜明地对外宣告4家公司的平等联结，给消费者以强烈的"强强联合"之印象（见图4-8）。标志圆圈之间关系的细节设计与奥运五环几无二致，都明确绘制出它们的上下交叠关系。实际应用于汽车上时，4家公司的标志各自仍然以合并之前的形式独立出现在车头上，四环置于原标志下方，中间加了一行"AUTO UNION"字母

---

3. 奥迪四环——四大品牌介绍 [EB/OL]. http://www.audi.com/com/brand/en/company/audi_history/companies_and_brands/four_brands_four_rings.html, 2011-11-07。

并贯穿四环，圆圈之间是整体焊接而非上下交叠（见图4-9）。

1932年，汽车联盟的这个四环标志，无疑与设计于1913年的奥运五环极为相似，这在第一个四环平面图中尤其凸显[4]。国际奥委会曾在1995年对奥迪提起过法律诉讼，认为奥迪标志与奥运五环标志的相似之处不仅仅是巧合，而是有意模仿。但是这距离奥迪四环最早问世时间已经过去大半个世纪，法律最终做出了对奥迪有利的裁决，委员会认为四环与奥运五环的相似之处并不明显，奥迪使用四环有其历史缘由。即使如此，仍然有不少人深信四环的灵感来自奥林匹克。

图 4-9　汽车联盟标志的实际应用

实际上，在汽车联盟诞生时期德国与奥运会的关系的确十分微妙。1916年，柏林奥运会因一战而取消。一战结束后，国际奥委会为了惩罚德国发起战争的罪行，之后三届奥运会都没有邀请德国。德国因此缺席奥运会十余年。直到1933年希特勒上台，为了展示国家形象，积极申请重返奥运赛场，最终成功申请到1936年第十一

---

4. 奥林匹克标志是由皮埃尔·德·顾拜旦于1913年构思设计，是由《奥林匹克宪章》确定的，也被称为奥运五环标志，它是世界范围内最为人们广泛认知的奥林匹克运动会标志。它由5个奥林匹克环套接组成，有蓝、黄、黑、绿、红5种颜色。环从左到右互相套接，上面是蓝、黑、红环，下面是黄、绿环。整个造型为一个底部小的规则梯形。

届奥运会举办权,并全力筹备举办了一场空前盛大的奥运会。以德国对奥运会的特殊印象和情感来说,形式上与奥运五环的相似,以及之后跨越二战间隔几十年弃用的情况下继续沿用至今,可能并非偶然。然而,在奥迪四环已经闻名于世的今天,其知名度与奥运五环已相差无几,较之这一既定事实,最初的图形创意是否绝对原创早已不再重要。不过这引发了笔者一个可能没有任何实质意义的猜想,即使仅仅为了回避抄袭奥运五环嫌疑这个唯一目的,汽车联盟也一定不能再多合并一家。有意思的是就在2021年,真有奥迪车主搞怪在原四环基础上加一环定制了五环车标,并在被交警拦下时谎称它是"奥运会纪念品"。当然,他最终受到了交通处罚。

  的确,奥迪使用四环在内容上具备极为充分的理由。原本品牌过大变动极易降低消费者对它的信赖感,但汽车联盟却非常睿智地以一个标志化解了这种风险。较之文字、声音、影像等一切其他语言[5],静态平面视觉符号在恒定地传达某个信息上具有显著优势。联盟的标志以最简洁有力和低成本的方式,向人们明确表明4家公司的关系:互相信赖、支持、协作,必将更有能力为消费者提供更优质的产品和服务。在这样核心视觉符号面世后,公司获得合并益处的同时,一定程度上也规避了损失品牌原有簇拥者的风险。我们可以

---

5. 视觉符号,是一种非语言的符号。它是以线条、光彩、强力、表现、平衡、形式等符号要素所构成的用以传达各种信息的媒介载体。视觉符号可以分为静态和动态两种表现形式。视觉符号是一种表达设计思想与设计内涵的表现性符号,视觉符号的象征性不仅可以在形式上产生视觉联想,更为重要的是它可以唤起人们对事物的联想,由此达到情感的共鸣。

想象，当一位 DKW 粉丝看到这样的标志时，会下意识地认为，我所钟爱的这个品牌还完整存在，只是与旗鼓相当的品牌合作，变得更强大了！甚至很可能被引导走向"爱屋及乌"。

1939年，二战爆发，汽车联盟在第二年便开始被军事征用，战争期间成为盟军轰炸的重点目标，工厂遭到严重破坏。1945年，随着德国战败，汽车联盟的全部资产被没收。1948年，汽车联盟在官方商业登记册中被删除，正式清算解体，德国四强联合的汽车时代宣告结束[6]。

3 新汽车联盟 & 奥迪 & NSU

二战后汽车联盟的复兴极为不易。1949年，在德国巴伐利亚邦政府的贷款和美国马歇尔计划共同援助下，总部位于德国的新汽车联盟在英戈尔施塔特正式成立（见图4-10）。改制后的公司延续了小奇迹（DKW）生产配备二冲程发动机前轮驱动车辆的传统。新汽车联盟实际上与20世纪30年代的汽车联盟的内涵已经相去甚远，属于奔驰控股，仅仅延承了旧联盟的四环商标和技术传统，已经不再是过去各具经营特色的4家公司合并而来的联盟公司。这一时期，奔驰对于制造小型二冲程汽车并不感兴趣，没能从汽车联盟的经营中得到太多利益。1965年，奔驰将新汽车联盟转卖给大众集团。大众

---

6. 奥迪编年史 [EB/OL].http://www.audi.com/audi/com/en2/about_audi_ag/history/chronicle/chronicle_1945_1959.html, 2007-10-16.

有自己的新策略，选择不再使用汽车联盟或小奇迹（DKW）厂牌名称生产新车款，而是复兴了奥迪——在汽车联盟旗下已停摆长达25年的豪华汽车品牌。"奥迪"品牌重回人们的视线。

图 4-10　新汽车联盟标志

1969年，汽车联盟与位于斯图加特附近内卡苏尔姆的 NSU 合并，成为奥迪NSU汽车联盟股份有限公司（Audi NSU Auto Union AG）。NSU 发端于1873年，是20世纪50年代世界上最大的摩托车制造商，在发动机上有着先进的技术。与 NSU 合并后，奥迪采用"Audi NSU"的字母标志（见图4-11）。但随着之后 NSU 技术上一些缺陷的暴露，1977年，作为百年老品牌的 NSU 正式宣告结束。第二年，独立的奥迪商标出现，仅仅是去除了"NSU"字样，加上了椭圆形（见图4-12）。

图 4-11　合并后的标志

图 4-12　奥迪独立后的标志

20世纪60年代至70年代的两次奥迪标志中，都没有出现四环。"Audi"沿用了奥迪最初倒三角上的美术字体，只是将主体上部分缩短，使之与 NSU 三个大写字母更加协调。70年代末，标志仅仅采用字母结合椭圆的形式，车型也相对传统，一同构成了这一时期奥迪整体比较保守的形象。

4 四环的回归

从1969年到1985年这16年间,带有四环的新汽车形象几乎消失在人们的视野。1985年之后,奥迪推出摩登且充满活力的新型 Type 89、极为优雅的奥迪90,奥迪四环回归,出现在原有"Audi"字母之上。

图4-13 2009年奥迪标志

20世纪90年代初,奥迪开始将其目标锁定回归高端的豪华汽车市场,与德国另外两家汽车制造商——奔驰和宝马展开角逐。随着时间进入21世纪,奥迪在海外市场的销售额大幅度增长,特别是在中国极受欢迎,2020年在中国的销售量为726,000辆。

与火热的市场相应,21世纪的奥迪对品牌形象愈发重视。2009年,奥迪官方举行了"百年历史"的庆典(这里可看出奥迪似乎将自己诞生的年份定位在1909年,"奥迪"名字得到注册的头一年,不过这个"百年"很可能仅仅是虚指,因为具体的年份官方并未标注)。此时,奥迪四环标志第一次脱离字母独立出现,并以更复杂的电脑技术制作出强烈的金属质感。当图形与"Audi"文字组合时,字体一改以往手绘美术字体的百年传统,首次启用由 Ole Schafer 在1997年创建的 Sans 字体。同时,文字字号变小,被编排在四环的左下角,更鲜明地衬托出四环图形。在平面标志中也强调3D金属质感(见图4-13)。图形与文字主次分明,尽显现代科技感。此外,公司还专门委托 MetaDesign 机构为奥迪设计定制企业字体,最后由保罗·范德兰和彼得·冯·罗斯马林专门设计,还专门印制在地板垫和轮胎上。

2016年之后，奥迪四环由之前的3D金属质感修改为扁平化、符号化的四环，消除一切修饰成为纯粹的矢量平面图形，更加简洁、醒目和进取（见图4-14）。2020年，奥迪标志在扁平化基础上进一步多样化，四环的粗细和位置变得高度自由，更加简单、直接、纯粹，完全转化为符号化的方式代表品牌来传递信息。

历史上四环对应4家公司的实体性意义，在此已经转化为联结、平等、进取等积极价值的象征性意义。

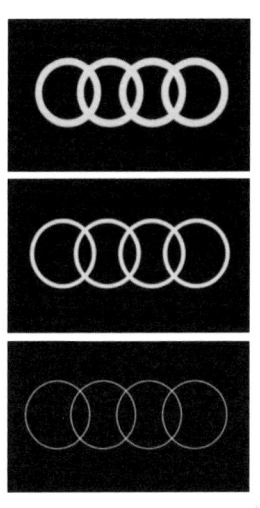

图 4-14 标志逐渐符号化

小结

奥迪四环是一个经典的联结图形。其"经典"之所以能成立，一方面与基本几何图形天然存在准确的象征意义有关，这源于造物主的智慧；同时也与奥运五环和汽车联盟及奥迪四环先后通过标志符号，在历史中所做的实践验证有关，这源于人类的取舍能力。奥迪与奥运的相似，既有偶合的成分，也有前后影响的成分，毕竟人类对基本视觉图形的感知如此一致。奥迪四环背后4家公司的联结，与奥林匹克对五大洲平等联结的渴望，都来自相似的情感内容，因而走向了趋同的形式表达。

　　当代奥迪的历史成分无疑是相对复杂的，它血液里流淌的是整个德国在近现代自行车、摩托车、汽车等工业制造的发展史，涉及霍希、奥迪、漫游者、小奇迹、NSU等德国多家百年汽车制造品牌，并先后被奔驰、大众控股。因此如果将四环仅仅限定在它产生之初汽车联盟的那4家具体公司，这种复杂性和历史意义将大打折扣，品牌的生命远不能得到应有的认识和理解。带着对这段历史稍微深刻一点儿的认识再去审视这个简简单单的四环矢量图形时，你将发现这个符号承载着生命的厚重。

第五章

绿 红 绿 带

古驰

1921 年

全世界知名奢侈品牌主要源于意大利和法国,其中以 Gucci(古驰)为价值最高的奢侈品牌之一。古驰1921年诞生于意大利佛罗伦萨,后因家族内部纷争管理不善,1999年被法国开云集团(原巴黎春天)收购。据《东兴证券奢侈品行业报告》所公布数据,截至2021年古驰品牌成立100周年,它为集团创造了接近总体2/3的销售额以及80%左右的利润[1]。

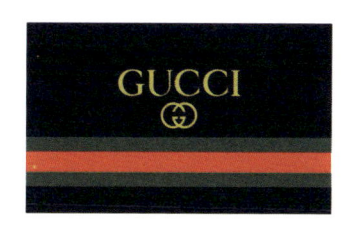

图 5-1 GUCCI 标志与绿红绿带

购买行为首先诉诸视觉感官。视觉作为奢侈品牌引领潮流的显性因子,承载着人们对身份、品位及个性的认同。古驰标志性视觉元素主要有双 G 标志、竹节包、绿红绿带和马衔扣(见图5-1),其中,绿红绿带(又称 web 条纹)及其衍生设计以强烈的色彩对比,营造出氛围浓烈的品牌整体印象,被应用于箱包、成衣、鞋类、配饰、化妆品、香水和家居装饰品等,是古驰区别于其他同类品牌中

---

1. 刘田田:《奢侈品行业系列报告之二:奢侈品的前世今生》,《东兴债券》,2021年版,第12页。

辨识度最高的要素。古驰绿红绿带灵感从何而来？表达了怎样的品牌文化和身份认同？设计师们又是如何将之进行拓展应用的？解答这一系列问题，能让我们领略品牌视觉中色彩这一不容忽视的力量及其驾驭方法。

1　行李员与奢侈品

古驰家族显赫了半个多世纪，最初发迹于一位平民先祖对上流群体旅居生活的细致观察。

这位先祖名叫古驰奥·古驰（Guccio Gucci，1881—1953），出生于佛罗伦萨一个皮革工匠家庭。1899年，18岁的古驰奥来到伦敦的萨沃伊酒店（Savoy Hotel）做行李员。萨沃伊酒店是泰晤士河畔唯一一家豪华酒店，直到今天仍在营业。或许因为从小在皮革制造中耳濡目染，古驰奥十分留意上流社会客人携带行李的面料、款式和色彩等，熟知他们的审美趣味。之后，古驰奥在一家欧洲铁路公司工作了数年，专门从事高档旅行休闲方面的工作，极大丰富了他对奢华旅行生活方式的体验。一战后，他又为精品箱包制造商Franzi工作了2年。这些看似平凡的工作经历对他日后开创不平凡的事业产生了至关重要的影响。

20世纪60年代古驰奥自己设计的一枚饰章隐晦地反映出他早年生活的影子。这枚饰章描绘了一位骑士提着行李和帽子，站在徽章正中，左右侧上方分别是玫瑰和舵轮，象征着高贵与权力（见图5-2）。骑士双手拎物的对称形态与20世纪30年代的行李员图标版本极其相似[2]，这类行李员形象图标设计今天仍被全世界许多酒店使用。骑士的高贵身份与行李员的谦卑姿态相结合，是来自古驰奥自身经历、极具个性的图形表达。

图 5-2　GUCCI 20 世纪 60 年代标志

1921年，已是不惑之年的古驰奥回到老家佛罗伦萨，开设了一家专卖马鞍和皮具的小型商店，由古驰奥和大儿子阿尔多·古驰（Aldo Gucci, 1905—1990）担任主要设计师。经过两辈人的努力，古驰逐渐将业务范围扩大，并拓展至全球，成为现代古驰。

绿红绿带到20世纪50年代才出现，二战时期古驰在材料上的创造性探索为它的诞生储备了条件。战前，上流社会使用的几乎所有箱包都采用真皮制作。战争爆发后，整个世界生灵涂炭，物料极其短缺，许多商家在窘境中纷纷选择破产。然而古驰家族没有选择退缩，反而借此机会破除了箱包只能用真皮制作的狭隘认知，寻找各种新材料代替，最终引入各种麻布及竹节做原材料，后来成为古驰经典之一的 Bamboo Bag（竹节包）由此诞生。同时，在有限材料上的精心钻研，使他们发明了在麻布上织造钻石样花纹的方法，生产出了精致耐用的钻石图案帆布。

20世纪50年代，全球经济进入战后复苏期，欧洲社会的时尚

---

2. 古驰标志历史［EB/OL］.https://www.nssmag.com/en/fashion/24655/gucci-logo-history。

风潮开始重新释放活力,战时新开发的替代材料和制作方法延续下来,色彩应用不再像战前一样受限于皮革材质,所采用的帆布和织造工艺使得箱包的用色和装饰更加自由,为时尚领域探索新的视觉语言提供了更多可能,为绿红绿带的出现储备了物质技术和市场审美基础。

那么,在技术、材料、市场条件都具备的条件下,绿红绿带的形态和色彩从何而来呢?

2　包裹带与马腹带

早期的绿红绿带并非独立织带,而是粘贴在真皮箱包上作为装饰(见图5-3)。这种以一根或两根带子装饰在箱子上的做法并非古驰专利,而是在更久之前箱包的历史基础上创新发展而来。

最原始的出处来自用以捆扎包裹的带子,属于纯粹功能性目的。当行李以真皮制作为挺括的箱体时,带子则或隐蔽在内作为骨架,或索性凸显出来作为装饰物。因而许多皮质或木质的古董箱包中,可以看到明显的与箱包同色的外部装饰带(见图5-4)。这也是为何装饰在古驰箱包表面的绿红绿带通常与箱子侧面的扣子衔接,产生箱包由带子捆扎的效果。带子从历史上具有功能意义的元素,转变为纯粹装饰目的,本身是一种革新性的怀旧。

另一个为更多人熟知的来由,是马术中马匹所使用的马腹带。古驰的第一家商店主要是卖马具,古驰老先生所设计饰章采用骑士形象,骑士也以各种图样反复出现在后来古驰家族徽章和产品中。

古驰许多设计灵感都来自马术,包括前文所提竹节包手柄,其形状来自马鞍侧面形状,典型古驰风格的马衔链设计来自马镫。绿红绿带的创新之处在于提炼与简化,将绿红绿带装饰在精致的箱包上与马腹带系在精良马匹身上之间,有着出奇一致的内涵和形式;传统马腹带的形状有一些弧度,而绿红绿带被精简为三条笔直的长方形色块。

图 5-3 绿红绿带的应用

除古驰外,许多奢侈品的创意都源于马术。马术在欧洲是一项重要的贵族传统运动。《荷马史诗》有言:"人类有史以来最伟大的征服是对马的征服。"历史上全世界有无数王侯将相都是在马背上获得领土和权势。《圣经》中描述耶稣进入耶路撒冷时所骑的是驴驹子而非马,以凸显他与世上君王截然

图 5-4 早期行李箱与捆扎带子

不同的一种谦卑的高贵。文艺复兴时期以降,马的身影更是频繁地出现在油画中。长久以来,无论对于平民还是贵族来说,马术在世俗观念中所代表的高贵是欧洲人的普遍共识,从马具到奢侈品的转化,对于使用马具的贵族阶层来说倍感亲切。

显然,绿红绿带形状的创意来自两方面,功能意义的包裹绑带和贵族象征的马术马腹带。而关于绿红绿带的色彩来源,许多讨论

也将之泛泛地归于马腹带，然而事实未必如此。自古以来，马腹带通常采用坚韧的牛皮制作，大多颜色为牛皮原本的棕色，另有黑、白、红、绿等颜色，也有一些马腹带会在较宽部位装饰二方连续纹样，能找到与绿红绿带最相似的是在马腹带边缘以同类色包边，但采用绿红绿那样反差最大的互补色的马腹带，在古驰绿红绿带以前并没有找到。那么这样的配色究竟源于哪里？

3　三色旗与绿红绿带

不少人认为绿红绿带来自意大利国旗上的绿白红（见图5-5）。以色彩原理对它们加以比较，便知道两者之间的联系与差异。

红绿在色环上是处于对角、难以调和的互补色，国旗和古驰分别采用了不同的方法使之得以和谐并置。意大利共和国国旗又称"三色旗"，由拿破仑于1789年法国革命时期设计。它的旗面由三个平行相等的竖长方形相连构成，从左到右分别为绿、白、红，含义分别为葱郁的山谷、皑皑白雪和烈士的鲜血。由于被面积等比的白色分隔，绿和红的视觉冲突得以消解；同时，红绿采用相似的明度和纯度，以使三个颜色达到视觉形式和逻辑内涵的平衡，即并不突出其中的某一个颜色。

绿红绿带的情况则大不相同（见图5-6）。绿、红、绿分为三等份，用加强面积对比和明度对比的方式调和补色。面积上，绿色是红色的2倍，分别置于红色左右两边；明度上，使用明度较亮的红色，但大大降低绿色的明度，使红色醒目而绿色后退，实现了对比与和谐共存的主次秩序。

视觉效果上两者更是有着显著差异，国旗带有纪念碑式的严肃沉稳、清晰端庄；绿红绿则有着浓郁雀跃、节日庆典般明快欢乐的基调。

图 5-5　意大利国旗

因此，意大利三色旗与绿红绿带除了色相相似外，实质上差异迥然，色彩处理方式和给人的心理感受都截然不同。但这样的结论并非就此否认三色旗对绿红绿带的色彩有相对影响。国旗作

图 5-6　绿红绿带

为一个国家最为人熟知的视觉符号之一，对人们色彩选择有着根深蒂固的影响，正如美国国旗以红蓝二色为主，来自美国的品牌色彩以这两个色彩组合为最多；中国国旗为红色，传统或主流的视觉主色则以红色居多。但即便使用相似色相，成熟的品牌视觉仍然以纯度、面积、比例和组合形式呈现出差异化的视觉效果，使得色彩在彰显其品牌个性上发挥应有作用。

绿红绿带的影响既然并非来自三色旗这么简单直接，那它们的组合究竟从何而来呢？

4　色彩密码

古驰绿红绿带盛行的背后，与自古以来人们的色彩观念有着密切关系。

《色彩列传：红色》一书中提道：在人文科学领域，"红色"与"色彩"几乎是同义词。红色是一切色彩的起源，是人类最早掌握、模仿、制造出来的色彩，也是最早被区分出来不同色调的色彩。数千年来，红色高踞一切色彩之首，古希腊、罗马时代和中世纪，红色是可以代替"色彩"的唯一颜色。红色在历史上属于教宗、皇帝、国王、国家，也属于整个贵族阶级。譬如，在西欧范围内，从12世纪中叶到14世纪初这段时期，为我们所知的带有色彩和图案的贵族纹章中[3]，超过60%都带有红色。在贵族女性心目中，红色是美貌与爱情的色彩，而贵族男性则认为红色象征英勇、权力与光荣。红色属于女性，充满阴柔气质，但同时又可以具有强烈的男子气概。如果想在战场、比武场和狩猎场上展现雄姿，没有什么比身披红色战袍更加合适。

红色在现当代也有很多非凡特质。在公共场所用来代表警告和危险，在商业领域用来吸引注意。"红标商品"意味着商品的质量超群。红色还代表欢乐和节庆。譬如圣诞节的三种主要色彩，分别是绿色的圣诞树、白色的雪花和红衣圣诞老人。此外，红色还在很多场合下给人带来欢乐。例如观看演出时，红色幕布冉冉升起或两边分开，将舞台呈现在观众面前。在时尚领域，红色的诱惑绝不是

---

3. 经过相当长时间的萌芽和发展，真正的纹章于12世纪中叶出现在战场和比武场上。起初，纹章用来在战场上分辨敌我，随后其用途扩大到整个贵族阶层——包括妇女在内。到了13世纪又扩大到其他社会阶层，其功能主要包括身份的标识和物品归属的标识，有时候仅仅是一个装饰图案而已。在整个中世纪时期，整个欧洲地区，我们已知的不同形式的纹章总计大约100万个。但其中3/4是通过印章的形式流传下来的，换言之，我们不知道它们的颜色。

别的色彩所能望其项背。玛丽莲·梦露有一张穿红裙的照片,《色彩列传》的作者米歇尔·帕斯图罗评说她"若是不穿红裙,而是穿了别的颜色的衣服,她就不是完整的玛丽莲·梦露了"[4]。

因而,在佛罗伦萨这样一个欧洲文化艺术摇篮里诞生的古驰,选择红色非常容易理解。那么绿色,以及红绿搭配的设计从何而来呢?

有统计称,欧洲约有1/6的人将绿色列为最喜爱的色彩,但也有约10%的欧洲人讨厌绿色,认为绿色能带来不幸。它的象征意义模糊暧昧,一方面象征生命、机遇和希望,另一方面又代表混乱、毒药、魔鬼以及一切彼岸生物。红绿搭配在欧洲视觉史上有着怎样的内涵呢?

从12世纪中叶到13世纪,骑士与宫廷是两个紧密联系的概念。所以在骑士比武场可以看到许多与宫廷一样的色彩元素:纯净鲜艳的色彩构成强烈对比,其中红色与绿色占据主要位置。在比武场上,绿色无处不在。首先因为比武通常在开阔的森林边缘或荒野之上,或者一块巨大的草坪上进行,绿色植物成为赛场上的主要装饰品。诗人和小说家在描写骑士比武的场景时,会重点提到场上的绿色。绿色是能代表骑士精神的色彩,14世纪后期韵文叙事诗《高文爵士与绿骑士》中虚构出"绿骑士"的神秘形象。

绿色也象征爱情。14世纪前后作于苏黎世的《马内塞古抄本》

---

4. 米歇尔·帕斯图罗,帕斯图罗:张文敬译,《色彩列传:红色》,生活·读书·新知三联书店,2016年版,第253页。

里面收录了140位活跃于12—13世纪的德语诗人的诗歌作品,其中有137幅爱情主题为主的插图,常以代表爱情和希望的绿色与象征激情的红色相搭配,成为整部手稿中最主要的两种色彩[5]。张弓射箭的米纳女神多次出现在画面中,身着绿色长裙和红色斗篷。

绿色在意大利也出奇地受到消费者喜爱。尽管19世纪中叶人们了解到一种装潢室内墙面的"施韦因富特绿"带有毒性,拿破仑1821年在圣赫勒拿岛逝世很可能是出于绿色装饰材料的毒性和潮湿气候,但意大利人仍然喜爱使用"施韦因富特绿",只是这个国家的干燥气候并没有造成事故。

在绘画领域,绿色不属于"三原色"之一,在许多画家眼中,它最重要的作用是作为对比突出红色,它们的搭配最富于激情。文艺复兴后名画中的红绿搭配不计其数,特别是画面中最需要凸显的部分,红绿对比最为浓烈。凡·高给弟弟西奥的一封信是关于他的新作《夜间咖啡馆》,他写道:"我尝试用红色和绿色来表达人类可怕的激情……画面遍布着冲突,这冲突来源于绿色和红色这两种反差最大的色彩的对比……"

红绿搭配的审美也并非欧洲独有。以中国为例,梁思成曾在《中国建筑史》中提道:"以冷色青绿与纯丹作反衬之用,其结果为异常成功之艺术。"其中的奥妙在于"冷色"青绿与"纯"丹,在对冷暖明度进行专门设计后,红绿完全摆脱了民间"红配绿,赛

---

5. 米歇尔·帕斯图罗,帕斯图罗:张文敬译,《色彩列传:绿色》,生活·读书·新知三联书店,2016年版,第96页。

狗屁"的搭配偏见。

可以想象，在经历可怕的战争后，以最有激情的色彩刺激人们的视觉神经，挑拨人们的购买欲望，古驰的绿红绿带出现时机显然无比合宜。古驰箱包上规整的绿红绿带，是这对夸张的色彩组合有节制地加入品牌产品的一种方式，尚在小心翼翼唯恐破坏贵族的优雅。从20世纪80年代开始，古驰家族逐渐衰落无暇顾及创新，绿红绿带因没有拓展新的形式而陷于沉寂。直到古驰归属新集团名下多年之后，2015年，创意总监亚历山德罗·米歇尔（Alessandro Michele, 1972—）继任，他甩去"经典"的包袱，将绿红绿提取出来放到一个广袤无垠的调色盘中，大胆孕育天马行空的想象，才使得绿红绿带重获新生。在接受采访中他说道："我豁出去了，我破坏了所有的规则。"

那么令人好奇的是：这位创意总监是如何破坏规则的？绿红绿带究竟可以有怎样的革新？

5 不破不立

亚历山德罗继任前已在古驰工作13年，从事配饰设计。在他之前的创意总监芙莉妲·吉安尼（FridaGiannini，2008年至2014年间任古驰创意总监）主要从事时装设计，亦曾在绿红绿带上有一些独到的尝试。比如2014年古驰赞助第六届古驰巴黎大师国际马术障碍赛，芙莉妲专门设计了一款红绿白方巾作为纪念（见图5-7）。这块方巾上展示了一匹马和web条纹的图案，绿红绿带突破了传统样式，作为一个自由元素重构为富于形式感的马术障碍物，但仍未完全摆脱优雅传统的观念束缚。当亚历山德罗继任时，古驰面临着业绩持续下滑的问题，亚历山德罗破釜沉舟，尝试摆脱"优雅"而追求一种狂欢式创意。这既是在品牌已有基础上的顺势而为，也是在新时代环境下必然的内在更新。古驰绿红绿带的创新方法包括风格不变的前提下拓宽色彩领域、绿红绿分解、加入其他装饰元素、加大尺度等。

图 5-7 芙莉妲设计的方巾

其一，以绿红绿为母本，拓展至更广泛的互补色和对比色领域。织带条纹以更多元有趣的色彩和材质变化予以呈

图 5-8 织带条纹配色的延伸及应用

现，从绿红绿配色延伸出蓝红蓝、蓝红白，有些配以印花图腾，材质包括罗缎、羊毛面料，或是以皮革拼接出条纹样式，这使作为母体的绿红绿带不再孤独而呈现出勃勃生机（见图5-8）。

其二，拓展到更多的应用载体（见图5-9）。在箱包、服装以外，鞋子、手表、家具，甚至戏剧舞台上，都植入典型古驰的红绿元素，让这一对固定组合渗透到品牌触及的每个角落，并且不拘一格地根据载体特性重新设计。

其三，织带变幻出万千面貌。织带可以当作箱包提把，像绸缎般系成蝴蝶结，也可以加入蜜蜂、蝴蝶、花朵等大自然素材，同时还可以与各式水晶刺绣、怀旧感金属搭配,具有强烈的复古氛围,营造出符合新时代年轻人的"潮"味。

其四,将织带作为物件局部。在服装上,以绿红绿、蓝红蓝等色作为运动外套、针织套衫上的饰边线条。另一个极具创意的产品是将绿红绿带作为手表中的手镯部分,以透明表面使手镯多了一个奇妙的观赏层次,将机芯刻意外露,以金色金属铆钉做表带上的装饰,材质的组合极令人寻味。

图 5-9 GUCCI 织带条纹的应用

在时尚潮流的风口浪尖,注入新时代生命力来活化经典是一项极具挑战性的工作。亚历山德罗曾表示:"经典元素强而有力,我真心的喜爱设计它们。"同时,对于他而言,悠久的经典不是设计师的包袱,而是弥足珍贵、充满可塑性的创作符码,他说道:"他一直尝试着用当代视野,将时尚语汇转化为充满无限创意的游乐园。"古驰绿红绿带等经典元素也因此再次打开新局面。

时代在变,能使经典延续或重获新生的唯一途径,就是创意。

小结

  绿红绿带70多年的发展历程集中表明，古驰今天能成为奢侈品中的翘楚，根源在于它出自经典，却能破除经典的包袱活化经典；它出自传统，却能破除传统转型为当代复古，从而引发新的时尚热潮。因而它身上承继着厚重的传统，但同时又充盈着明快的当代性。从一位少年行李员观察欧洲贵族所使用的箱包审美趣味伊始，到取传统马具元素转化为产品上的各要素，再到以自由的当代语言打破重组这些要素，经典成了有生命的经典。从马腹带脱胎而出装饰织带，从人类色彩通感和欧洲艺术传统中选择红绿色彩，应用色彩理论使红绿和谐；在绿红绿织带走不出优雅瓶颈、无奈沉寂之后，又以各样极具当代性的全新视觉语言使之焕然一新。最终，品牌生命因自由出入于经典而得以延续。

第六章

自然中来

兰蔻

1935 年

挤出甲壳虫身上的汁做眼影、用黑颜料染唇、以红胭脂敷染双颊、从指甲花中提取红褐色浸染手指甲和脚指甲……这些书中记载的关于古埃及女性追求美的方式，在今天看来毫不陌生。并且，它们都与色彩有关。只不过今天，这些原料在实验室被提取加工制作成产品后，封存在能体现其功效的各种颜色和材质的精美包装中以吸引顾客。走入各大商场，往往能看到各类化妆品牌琳琅满目，集各种人造光与色于一处，其中通常就有巴黎兰蔻的身影。

兰蔻诞生于1935年，是一家法国高档化妆品企业。1964年它被欧莱雅集团收购为旗下品牌，作为欧莱雅奢侈品部门的一部分，主要提供皮肤护理、香水以及高级化妆品等产品。多年来兰蔻全球销售量稳居前三，其成功很大部分可以归功于突出的色彩策略，既独具特色又不失亲和。在兰蔻专柜，看不到过分尖锐和浓艳的装饰，每个角落都充盈着自然的色调，仿佛一个生态缩影从森林里抽离出呈现在我们面前，带给人舒适的自然感受。

优秀的色彩计划能塑造品牌氛围，使陈列于柜台的产品更能吸引消费者眼球，引发消费者对产品安全和性能的正向联想，进而激发购买欲，这可说是所有成功时尚品牌的共识，化妆品行业尤为如此。本章将通过考察兰蔻形象中的色彩及相关因素，从品牌自身历史文化和品牌理念等视角,揭秘兰蔻"自然"基因产生的缘由和视觉表达的奥秘。

1 玫瑰:从幕后到台前

兰蔻"自然"基因的生成,首先不可回避的是它与玫瑰的关系。

今天的兰蔻标志"LANCÔME"边上总是赫然"别"着一朵精致的玫瑰,这让它在大多采用纯文字或几何图形标志的同档次化妆品中显得有些特别(见图6-1)。玫瑰正式作为兰蔻标志图形,是在品牌诞生几近30年、即1964年被欧莱雅集团收购之后,此前一直是纯文字标志。而事实上,它并非突然"冒"出来,在加入"LANCÔME"字体共担标志大任之前,它一直低调地活跃在品牌幕后。

1935年,阿芒·珀蒂让(Armand Petitjean,1884—1969)在法国创立兰蔻。珀蒂让曾是"现代香水工业之父"弗兰科斯·科蒂(Francois Coty,1874—1934)的学生,在香水制造上很有天赋,立志建立一个强大的香水王国。珀蒂让很喜欢花,特别对玫瑰情有独钟,他在自己的庄园里种植了不计其数的玫瑰品种用于观赏和研究。

20世纪30年代,全球高档化妆品品牌几乎都来自美国,珀蒂让期望打造出一款出色的法国化妆品牌与之抗衡。带着对新公司成立的犹豫和苦恼,珀蒂让抽空到法国中部旅行,偶然间在卢瓦卡河畔发现一座周围满是野玫瑰的废墟城堡,名为兰克斯慕(Lancosme, "s"不发音）。城堡的意向和名字非常符合珀蒂让对玫瑰的喜爱和法国味名称的定位[1]。他当即迫不及待地期望，通过香水研制技术来永久保存兰克思幕古堡内独特的玫瑰芳香。为发音之便，珀蒂让采用一个典型法式长音符号代替 Lancosme 中的"s"字母，遂成为今天我们看到的"LANCÔME"。

图 6-1 兰蔻标志

自兰蔻诞生起，玫瑰成为其许多产品的灵感之源。一些品牌评论家甚至因此宣称：如果没有了玫瑰，兰蔻也就不复存在。兰蔻官方品牌理念中有一句提道："对于唯美玫瑰，兰蔻总是象征浪漫经典的那一枝。"

早期玫瑰主要作为花材出现在兰蔻产品中，最初主要是香水，而后开拓出其他产品。1935年首次推出的5支香水中，TendreNuits 和 Conquete 都含有玫瑰成分。1957年的 Envol 香水中含有玫瑰和茉莉花，它的原始瓶身设计是一个花苞形状，后来又在瓶盖上加了玫瑰花蕾。1965年，经典的菁纯系列诞生，其中蕴含大量珍稀玫瑰成分。1971年的 Sikkim 香水中含有保加利亚玫瑰与茉莉花，极致唯美，在业内被称为完美之作。1987年的 Intense 香水加入的是土耳其玫瑰。1990年的 TRESOR 香水中，玫瑰花扮演着极为重要的角色，不但是香水的主香调，同时也以玫瑰花作为包装设计和香水的颜色。2000年，

---

1. Kara Nichols, TheScentofFrenchElegance[EB/OL]. https://www.cooperhewitt.org/2019/07/10/the-scent-of-french-elegance/, 2019-7-10.

Une Rose"一轮玫瑰"（又名为"馥马尔夜色玫瑰"）是兰蔻为迎接千禧年特别创作的珍品，其成分来自全球各种珍稀玫瑰品种，包括沙丘玫瑰、麝香迷迭和最精纯的保加利亚玫瑰。此外值得一提的是：兰蔻的一款著名唇膏"Rose de France"（法国玫瑰），号称世界上第一支含有天然保加利亚玫瑰芳香的粉红色唇膏。

图 6-2 兰蔻广告图

直到20世纪四五十年代，玫瑰才逐渐出现在品牌视觉形象中，这一时期主要是广告中的手绘玫瑰。1945年的兰蔻广告，在"LANCÔME"下方绘有一朵粉色玫瑰（见图6-2）。这个玫瑰样式成为后来标志中矢量图玫瑰的原型；1946年广告中出现了造型更加简约的平面插画。这种玫瑰的手笔灵感来自一生专注于画玫瑰的"花之拉斐尔"约瑟夫·雷杜德（Pierre Joseph Redouté，1759—1840）。雷杜德曾任玛丽·安托瓦内特（法国路易十六的王后）的专职画师，出版过《玫瑰图谱》（Les Roses），手绘玫瑰风格写实且极致优雅，在法国艺术史上占有一席之地。

事实上，今天我们所见兰蔻标志中的玫瑰，作为一种玫瑰品种真实存在。1973年，法国著名的玫瑰种植者乔治斯·戴巴德（Georges Delbard）从数万朵玫瑰中挑选出拥有最高再生潜能的玫瑰进行培育，最终得到花苞细长圆润，花瓣数量约在35瓣到40瓣之间的"兰蔻玫瑰"。兰蔻玫瑰的父本是昵称"橡树"的玫瑰灌木，兰蔻玫瑰从"橡树"身上继承了坚韧的生命力，创造出红色的花朵，代表着现代女性坚强独立的个性；从她母本那里则衍生几乎接近紫红色的色彩，娇媚可人，象征着现代女性温柔善良的美好本性。因此，兰蔻玫瑰具有稀有、朝气，与一般玫瑰品种截然不同的唯美和高贵气质。

1974年，戴巴德在兰蔻原来广告插画中玫瑰形态基础上，结合兰蔻玫瑰特征重新设计了图案[2]。花瓣精简到7瓣，叶瓣根据编排需要留下1枚或2枚。此后，玫瑰作为标志中"LANCÔME"的固定搭配出现在产品包装和广告中。此时兰蔻花瓣和叶片造型与今天的玫瑰图形已无二致，只是茎杆长许多，凸显法式优雅。这支修长的玫瑰与品牌名称组成固定搭配醒目地出现在广告中，构图必要时侧立在一角作为辅助图形，同时还会以较大尺寸出现在产品包装上（见图6-3）。色

---

2. 见品牌官网描述"品牌自1935年便成为 lancôme 的标志。1974年，当代玫瑰种植者 GeorgesDelbard 重新设计玫瑰图案并成为 lancôme 的标记，充分体现娇艳色彩、清新气息及非凡热情，成为喜悦与美态的象征"。https://www.lancome.com.hk/zh_HK/maison.html#!/since/1974.

图 6-3 广告图中的玫瑰与品牌名称组合

彩方面，在底图上通常为白色，浅纯色底上为黑色或灰色。同时，在系列广告中保持统一的规范。通过不断地在广告和产品中重复这支玫瑰，兰蔻与玫瑰的坚固关系扎根在新老客户的印象之中。

图6-4 图形与标志组合样式

21世纪来临，玫瑰由长茎变为短茎，比例更加紧凑，以统一的风格和丰富的样式出现在兰蔻所有产品上。

玫瑰在兰蔻历史上的角色，从仅仅用作产品中的成分，到作为辅助图形的插画，再到培育出品牌专属玫瑰品种，而后设计出图形样式与标志字体的固定组合，最终成为产品包装上的永恒烙印，与字体一同组合成为商标并无限复制，兰蔻玫瑰完成了从幕后到台前的身份转变（见图6-4）。兰蔻的自然基因，也因玫瑰视觉形象的加入而由隐形转为显性。

2　兰蔻玫瑰：个性认知

玫瑰在欧洲文学中有着丰富的象征意义，引得无数诗人如蜜蜂般从中采集花蜜。仅欧洲著名的"玫瑰诗人"就有法语中的龙沙、英语中的莎士比亚和叶芝、德语中的里尔克与西班牙语中的博尔赫斯等，他们都在创作中留下了海量关于玫瑰的不朽篇章。玫瑰作为爱与浪漫的象征，如王尔德在《夜莺与玫瑰》中所写："我读了所有智者写的书，掌握了哲学的所有秘密，可就是因为缺少一朵红玫瑰，生活就变得痛苦不堪。"因此，玫瑰在人们心目中所达成的浪漫共识，很大一部分来自欧洲文豪们对它有迹可循的文字想象[3]。

同时，红玫瑰又是社会民主主义（social democracy）的象征，所以一般信奉社会民主主义的政党，主张建立尊重人类尊严、公正公平、自由民主的社会，如法国社会党、德国社会民主党、英国工党，都会用玫瑰作为自己的象征或者标记，在一些大选或巡回宣传的重要场合，这些党派的领导人和支持群众会手拿一朵红玫瑰。

人们对一件事物的接受度通常首先建立在常识的基础上，而后因这件事物区分于同类事物的特殊性而产生专属印象。客户对兰蔻玫瑰的接受度，便是潜在地建立于玫瑰在文学历史和社会政治中已有意义的根基之上。那兰蔻玫瑰是如何营造出其独特魅力的呢？

品牌相关的历史事实是：18世纪末至19世纪画玫瑰闻名的"花之拉斐尔"约瑟夫·雷杜德、20世纪初以玫瑰花材制造香水的兰蔻创始人阿芒·珀蒂让，以及20世纪后期研制出"兰蔻玫瑰"品种的乔治斯·戴巴德……直接与兰蔻玫瑰相关的历史在玫瑰标志图形诞生前已走过3个世纪，在大自然的赐予中加入人的创造力因素，为人们展现出玫瑰的视觉与味觉奇观。那么进一步近距离分析兰蔻产品上的玫瑰图形使用方式，包括编排位置、尺寸大小、材质和表现手法，可以深入理解含有历史文化内涵的兰蔻玫瑰具体是如何演绎

---

3. 包慧怡，西方文学中的"玫瑰"意象，是诗人们长久的秘密 [EB/OL]. https://www.bjnews.com.cn/detail/160151926115717.html, 2020-10-1。

的，以至于即使客户并不了解品牌历史，也能通过视觉形象感受到品牌的独特魅力。

玫瑰在由长茎变为短茎后，比例适用于更多产品包装的形状，因此使用起来更为灵活自由。作为品牌标志，良好的统一性能给消费者值得信赖的印象，因此一旦形成固定的组合变化，所有的使用方式都发生在提前预设的变化区间，精确无误地使用。以此为前提，统一与变化在品牌设计中犹如拉扯橡皮筋制造的张力，力度合适才能制造出舒适的张力。设计过分统一缺少变化会令人感到单调乏味；反之，过多变化缺少统一则会造成混乱和缺乏安全感[4]。兰蔻玫瑰标志的组合变化在这方面做出了很棒的示范。

在官方网站、商场展柜上，标志字体和玫瑰的组合通常为左右中对齐式，玫瑰"别"在字体的右边，向右微微倾斜。这个组合并非一成不变，会根据包装情况进行位置和比例调整（见图6-5）。

常见的标志字体图形组合可以分为四大类，分别为：（1）玫瑰置于右下角、字图右对齐；（2）玫瑰置于右边、字图中对齐；（3）玫瑰置于上方，字图居中对齐；（4）玫瑰置于下方，字图居中对齐。玫瑰图形约占 LANCÔME 字体1—2个字母的宽度，在较大、小、极小三个尺寸范围内变化。选取哪一种组合变化和尺寸，取决

---

4. 据帕贝·埃文斯（PoppyEvans）说法："任何设计作品的目的都是通过组织各个部分来创造一种统一感。统一性是至高无上的原则，所有其他原则都是为它服务的。统一性约束着多样性，多样性则是对统一性的互补原则，对创作视觉效果必不可少。控制多样性是一门平衡视觉对比度的艺术，然而，过多的变化或随意使用只会引起困惑。"

	产品类型	编排方式	玫瑰位置	品牌名称颜色	辅助图形颜色	玫瑰大小	产品底色
	抗衰老精华	右对齐	右下角	白色		小	亮黑
	抗衰老美容液			黑色			磨砂金
	粉底液			黑色	金色浮雕阳刻	极小	哑光银
	焕白乳液		右下方偏左	黑色	无色浮雕阳刻		哑光银
	抗衰老眼霜	水平对齐	字母右侧	白色		小	亮黑
	唇彩		正上方	金色			亮黑
	修护精华	居中对齐	正下方	黑色			灰色
	防晒			灰色	哑光金	较大	白色

图 6-5　图形与标志组合的编排方式分析图

于包装的高宽比和形态，所有设计都保证在合适的角度可以看到完整的标志组合。

　　色彩设计方面同样统一而富于变化。虽然自然真实的兰蔻玫瑰为粉红或红色，但这个色彩丝毫没有限制包装上的图形色彩。玫瑰分别为黑、白、金色，黑色搭配浅色包装，白色搭配黑底包装，金色搭配白底或饰有少量金色的包装。在防晒产品中，当玫瑰为金色配白底包装时，字体设定为灰色，营造出强光下高明度的视觉感受，体现产品性能。在材质和印刷工艺上，除了普通印刷外，还使用了金色浮雕阳刻、无色浮雕阳刻、哑光金等特殊印刷，分别对应不同底色需求。由此可见，玫瑰图形虽然从自然中来，但色彩并未因此受限于自然，而是独立出来作为一个符号服务于品牌意图打造的精致优雅，成为自成体系的"自然"。

3 "有机"的材质与色彩

仅仅标志组合变化还不够全面绽放玫瑰图形的魅力，另一种更为有机的"生长方式"是辅助图形（见图6-6）。当玫瑰用作辅助图形时，LANCÔME字体单独作为标志，与字图组合的差别在于：玫瑰能以更加自由的尺寸和位置装饰于包装上。常用的方式包括：（1）以小尺寸置于瓶盖正中央（表格中1、2行）；（2）放大至"出血"，即大于底图，使得从任何角度观看包装都看到局部图形（表格中3-6行）；（3）为玫瑰添加其他元素使之具有新的含义，如表格中倒数第二行的睫毛膏，则以黑白二色作为玫瑰图形背景，营造出玫瑰丛的意向；（4）取玫瑰局部重组成图案，如表格中最后一行，去除茎杆和叶瓣而仅取玫瑰花朵组合成图案肌理。

辅助图形的表现手法较之标志固定组合同样更加多样，反光印刷、金属浮雕、纸浮雕、塑料瓶身模具浮雕、线描勾勒……从同一图形出发，以瓶身为画布，淋漓尽致地运用了诸多的设计表现手法。然后，一切绝不是为了纯粹的艺术表现而追求表面形式，而是竭力挖掘能表现产品性能的视觉手段。比如，洗面奶清洁类产品的白底蓝线条玫瑰和两种白色的搭配，视觉上带给人洁净感；补水产品的瓶体造型浮雕，本身即是对"水"的模仿；紧致型护肤品使用

产品	位置	颜色	大小	特殊质感	特殊处理	产品底色	产品类型
	包装/瓶身正面中间偏上	蓝色	大	无	线描	白色	清洁
	瓶身正面中间偏上	银色	较大	金属	反光	白色	清洁
		蓝色	大	塑料	浮雕	蓝色	补水
	瓶盖顶部中心	银色	小	金属	反光	紫色	紧致
		金色	小	光滑	浮雕	金色	抗衰老
	顶部中间、接口处、包装底部	金银银色	小	金属	反光	黑色玫瑰金	抗衰老
	包装/瓶身正面中间偏上	白色	大	纸质	浮雕	白色	底纹
	侧面、与刷柄对齐	黑色	中等	光泽	底部透明	透明	睫毛膏
	侧面	银色	中等	光泽	重复	黑色	睫毛膏

图6-6 辅助图形与标志的编排方式分析图

紫色底上的反光银色玫瑰，对比强烈轮廓分明，给人以力量感；抗衰老产品使用金色或金色浮雕，呈现出这个产品所针对年龄段人群适宜的高贵感；粉底底妆在白色上使用凹凸浮雕，直观地表达女生通常期望底妆自然的效果；睫毛膏中的玫瑰，则暗示睫毛将又密又长的使用效果。

除了中规中矩的设计规范外，兰蔻还推出过与艺术家联名合作的产品，如与插画家 AlberElbaz 合作推出的睫毛膏。睫毛膏包装上的玫瑰辅助图形和文字不再是规矩的矢量图，而是插画家的涂鸦。用色上仍一如惯常"惜色如金"，仅在白底上使用黑蓝二色，似乎可见插画家随手拈来黑色与蓝色签字笔随手涂鸦，连从来都以固定印刷体出现的标志也以手写模仿，传递出生动灵气的生活趣味（见图6-7）。

图6-7 兰蔻与艺术家联名产品

图6-8 兰蔻玫瑰的三维呈现

此外，兰蔻一直尝试突破玫瑰的二维空间表现，在一些产品如玫瑰精华和散粉中，兰蔻玫瑰以三维立体的方式呈现在消费者面前（见图6-8）。

客户面对产品时，无须具备图形专业知识或花费力气刻意理解，以天生的视觉心理和生活常识，便可以通过包装获知与自己护肤需求相关的信息，并对包装内部产品产生积极的想象，从而被激发产生购买行为。这一切发生得看似自然而然，实际上背后都离不开品牌方在视觉创意手法上绞尽脑汁的努力。

4 "自然"的色彩逻辑

自20世纪60年代玫瑰图形出现的同时，兰蔻就开始以不同颜色区分产品类型：女性保养品是白玫瑰、彩妆品是红或紫玫瑰、防晒品则是黄玫瑰。今天的产品功能区分更加细致，包装色彩中除了更多功能分类外，还加入了不同年龄层次的区分，发展出一套极为细致严谨的色彩体系。

研究表明，随着年龄的增长，女性对颜色的偏好会由暖色趋向冷色。因此，兰蔻针对年轻女性客户的产品更多使用温和鲜亮的粉色，突出成分的安全性和功效温和性；而针对更为成熟的女性客户，则多选用蓝紫等冷色系，并加以金属色修饰，增强产品的科技感，暗示产品中含有珍贵稀有的成分。从下表中可见，最昂贵的一款黑金抗衰老面霜，以亮黑色和金色搭配，来凸显其神秘功效，而价位上的过渡款"小黑瓶"和"菁纯"的主色分别为纯黑和纯金色，具有极强的逻辑关联性。此外，男士护肤品使用的是区别于所有女士护肤品的单一深褐色，朴素而低调（见图6-9）。

除上述在色彩明度和色相上差异显著、对比鲜明的不同系列产品包装外，兰蔻还会有一些近似色出现在不同产品中。如臻白系列和微修护系列都是采用蓝色为主色。臻白系列为纯度较高的天蓝色平涂，微修护系列是明度偏暗的湖蓝与近乎黑色的深蓝色渐变，瓶盖为蓝色半透明。那么两种蓝色选用的依据是什么？通过分析可知兰蔻用色之细腻。

对两种产品功效稍做考察，可知臻白系列属于入门级美白产品，因而采用高明度的天蓝色，衬以白色瓶盖和文字，仿佛自然中的矿物质水，更容易让客户产生对肌肤通透感的联想。而微修护系列的成分更加精粹昂贵，针对明显肌肤问题的客户，为她们提供修护和防护，因而低明度湖蓝和渐变，更能凸显产品的高科技含量。

产品	类别	功效	主色调	主要包装材质	价位	适宜人群
	Mousse 清滢清洁系列	补水保湿	粉色	塑料	较低	18-20 岁年轻女性
	Hydra Zen 水分缘舒缓系列	基础保湿	淡粉色	塑料	较低	18-20 岁年轻女性
	Vidionnaire 美肤维护系列	维护焕肤	深蓝色	玻璃	较高	20-30 岁年轻女性
	Renergie 新立体塑颜系列	提拉紧致	紫色	玻璃	较高	30-40 岁女性
	Genifique 明星小黑瓶系列	抗衰老	黑色	玻璃	高	25-40 岁女性
	Absolue 菁纯系列	抗衰老	金黄色	特制金属、玻璃	极高	40 岁左右中年女性
	AVsolue 黑金臻宠系列	抗衰老	黑色、金色	特制	最高	40 岁及以上中老年女性
	男士系列	基础护肤	棕褐色	塑料、玻璃	中等	18-40 岁男性

图 6-9 产品包装色彩逻辑分析图

  同样使用在菁纯系列和黑金臻宠系列中的金色，前者为暖金，铺满整个瓶身，后者则以黑色大面积铺底，以冷金色，分别使用在瓶盖、平底、瓶身铭牌和字体上。一暖一冷，一多一少，以联系和对比突出两个产品之间的联系与差别。

对比兰蔻和同档次美国化妆品牌雅诗兰黛，兰蔻色彩内部如生命般的有机逻辑性显而易见。以雅诗兰黛明星产品小棕瓶系列为例，

图 6-10　兰蔻深蓝修复系列与雅诗兰黛小棕瓶系列包装对比图

包装整体分为磨砂玻璃白底和棕色底两种包装瓶体色彩，瓶盖都为金属色，但是都不统一。白瓶其中一个使用粉色辅助图形，上面衬以棕色和蓝色文字；另一个白底上则无辅助图形，全是蓝色文字而无棕色文字。棕色瓶亦分为两类：一为亮光半透明，因此呈现出渐变琉璃的色彩，另一类则是无渐变效果的平涂棕色。瓶盖的金色分为有装饰线和无装饰线两种，但粗细和距离不统一，金色也分为两种，亮金和灰金。如果以拉扯的橡皮筋比喻，雅诗兰黛的系列色彩对比已经断裂，当试图制造的视觉张力的对比失去关联后，对比便不再存在。兰蔻强有力的系列感则由不同产品系列的色调营造，如深蓝修复系列，系列中的每一个产品都统一在深蓝渐变色调下，瓶盖上有一致的印刷工艺和材质，瓶身上文字的字体和颜色都为白色，由此在系统内部实现了一个和谐的有机整体。

追溯这两个品牌不同产品的色彩源头，能进一步理解有机、自然的色彩生成的深层缘由。兰蔻和雅诗兰黛产品与相似色事物比照，见图 6-10。

从图中可知，兰蔻色彩及决定色彩属性的其他要素，如上色方式（平涂或渐变）、材质（塑料或玻璃）、加工及印刷工艺等，最

终视觉效果非常接近自然事物（见图6-11）。正如兰蔻在品牌宣传中对来自自然的玫瑰的强调，产品的色彩选用仍然强调从自然中来。而雅诗兰黛的色彩则带有较浓厚的现代工业和轻纺的气息（见图6-12）。

所有这些色彩计划呈现出可感可知的强烈形式美，更重要的是承载了兰蔻背后的品牌理念。与兰蔻创始人钟情于玫瑰，想要用特制香水永远留下古堡野玫瑰的芬芳一样，品牌在易主后仍延续了这一颇有价值的理念。兰蔻官网有一个名为"共创美好明天"的专门栏目，用以推广兰蔻的可持续发展计划，宣传保护自然和生物多样性[5]。具体实践上，兰蔻实施可再生农业，包括玫瑰的可持续采购和有机种植、改进包装和配方以限制产品对环境的影响，采用更多可回收材

图 6-11 兰蔻产品色彩的自然风格

图 6-12 雅诗兰黛产品色彩风格对比

---

5. 兰蔻美国官网—共创美好明天https://www.lancome-usa.com/bring-the-world-to-bloom.html[EB/OL], 2022。

料及循环利用方案等。因而,兰蔻产品包装呈现出的"有机"色彩逻辑,既是出于对美的形式追求而采取的色彩策略,更是源于品牌自与玫瑰结缘以来"自然"的点滴渗透。

小结

兰蔻产品包装色彩同时满足了客户对视觉感官和主题逻辑的两方面需求,前者关乎美感,后者诉诸认知。不同年龄群体、不同价位的不同系列都自有一套色彩体系,不同系列之间在色相、明度、材质等方面存在或大或小的差异,具体如何设计取决于产品意图传达的功效。而所有一切色彩安排都与自然相关。往前,可以追溯到20世纪30年代品牌与玫瑰结缘的历史,以及玫瑰在法国乃至欧洲和世界可以交集共通的历史;往近处,可以关联兰蔻一直以来实践的关爱自然的可持续发展计划。在品牌内外与自然的联结历史中,一套有机的色彩系统得以孕育而生。

第七章
形与意的"共生"

佳能

1937 年

第七章 形与意的"共生"：佳能 1937年

"共生"是佳能的品牌理念。"共生"（mutualism）原本主要用于生物界，是指两种不同的生物为对方提供生存帮助，相互依赖，彼此有利，如果分开，则双方或其中一方无法生存。佳能在使用"共生"时，衍生出它的社会学方面意义，将之阐释为：忽略文化、习惯、语言、民族等差异，努力建设全人类永远"共同生存、共同劳动、幸福生活"的美好社会。换言之，"共生"表达了佳能以"促进世界繁荣和实现人类幸福"为目标，与顾客、社区、各国家、地区，以及地球自然环境等建立良好关系，担负社会责任的决心[1]。比较而言，生物学意义上作为条件的"共生"，强调"不得不"式的共生共存，在佳能这里转换为目标和愿景，可以说是基于或商业策略或道德良知的温和劝说，实际上暗指了地球和社会的共生失衡现象。

佳能"共生"理念提出于1988年，距离品牌开创期已过去了半个多世纪。20世纪80年代以来，区域性和全球性环境问题更加突出，给人类整体生存和发展带来前所未有的威胁和挑战，引起各国

---

[1]. 佳能史话2021-2022，https://m.canon.com.cn/about/download/download/canon-story-2021-2022-c.pdf，第5页。

政府和国际相关组织的高度重视，涌现出世界性环境保护浪潮。80年代的日本，经历过三四十年代战争创伤和六七十年代经济复苏，开始赶超欧洲各国成为仅次于美国的全球第二经济强国。据统计，1985年日本财政积蓄和外汇储备合计545亿美元，排名世界第一，并且在科、教、文、卫多方面并进发展。由于财政充足，公共事业得到着重发展，建立了当时世界上最完整、规模最大的高铁与高速公路网。80年代日本经济大环境，给许多佳能这样的本土国际化品牌提供了充足的养分和足够的自信。

就品牌自身而言，佳能在20世纪80年代持续8年在日本市场销量第一。在技术领域，佳能1987年推出的T90单反相机成为相机发展史上的里程碑。其德国设计师Luigi Colani（路易吉·克拉尼）在T90中彻底贯彻了生态形状（Bio-form）的设计理念，为人机界面带来极大改变，成为此后单反相机的设计样板。

因此，"共生"理念的提出可以说是在世界环境保护浪潮掀起、日本经济复兴、佳能企业迅猛发展，以及产品开创生态形状设计理念等背景下应运而生。通常，作为品牌核心视觉符号的标志，其创意主要源自其品牌理念；然而，佳能的"Canon"标志自1935年确定大致风格，经过两轮修改后，到1956年确定后再无修改。那么，在标志确定32年后才提出的"共生"理念，与标志之间究竟有无关系？有何关系？本章通过考察佳能标志的由来和分析标准字体的特征，探求背后的答案。

1　符号源头：千手观音

"Canon"品牌名称注册于1935年，取其"圣典、标准、规范"之意。但是在佳能历史上，这个名称却与"观音"一词有着密切关系。

20世纪10年代后期，广岛有一位宅男高中尚未读完，就凭借着对机械的热爱到东京从事摄影机与电影放映机的修理、改造工作。20多岁时，因零件进口之故，他频繁往来于日本与上海。后来在上海遇到一位美国商人问他："你为什么会跑到这里来买零件？你们自己不是能造出精良的军舰与飞机吗？既然连军舰都能造，怎么还造不了这个？"这句话如雷贯耳，极大地刺激了这位终日和机械打交道的机械迷。回到日本，他立刻拆解了一台当时最先进的德国徕卡相机，发现里面并没有钻石，而只有黄铜、铝、铁和橡胶之类的廉价材料，却卖出天价，这令他非常生气。于是在1933年，他与亲友合伙租下东京一栋三层公寓的一角，创立了精机光学工业株式会社——佳能公司的前身[2]。

故事中的小伙子就是佳能公司的第一创始人吉田五郎[3]（Goro Yoshida，1900—1993）。在公司创立第二年，团队便试制出日本

---

2. 1933—1936佳能的诞生 [EB/OL]. https://global.canon/en/c-museum/history/story01.html.
3. 吉田五郎在1934年秋天离开了佳能公司，这有助于佳能在名称和标志上逐渐摆脱公司创始人的个人信仰和情怀。1933—1936佳能的诞生：https://global.canon/en/c-museum/history/story01.html.

第一台35毫米焦平面快门照相机，取名"KWANON"。作为虔诚的佛教徒，吉田五郎回忆自己是在仰望天空时偶获"KWANON"（观音）一词。虽然此时的观音还只是一台并未面世的模型，但宣传语却十分大胆："伊号潜水艇，92式飞机，观音照相机，都是世界第一。"对未来执有万分乐观的精神。

图7-1 "KWANON"（观音）标志

尽管"KWANON"使用了仅一年左右且并未注册，但公司仍以直译方式为其设计了观音图形标志，选择的是千手千眼的"千手观音"——民间认为千手遍护众生，千眼遍观世间的佛教六观音之一（见图7-1）。

这个看起来颇为复杂的标志采用的是黑白木刻风格，正形为黑色，细节以白线勾勒。它由三大部分构成，从上到下依次为"CAMERA"（相机）、千手观音莲花座像和"KWANON"（观音）。传统的千手观音像通常以42手象征千手，每一手心各有一眼，受众各持刀、枪、拂尘、伞、镜和净瓶等各种神通法器。标志中的千手观音形象简化为16手，手中的物件依照原千手观音像，能准确辨认的有：1.施无畏印，使众生心安；2.宝剑手，象征断除烦恼；3.宝经手，象征博学多闻；4.钺斧手，代表断除一切苦难；5.宝瓶手，又称军持，使亲情和睦，没有纷争；6.宝螺手，能号令诸天神灭天难；7.乌枢沙摩身印（胸前双手），亦称除秽金刚，如猛火烧除众生烦恼。仅从这些易于辨识的物件便可看出，它们并非从原千手观音像手持的40多个法器中随机挑选,比如关于佛道、鬼神、投胎等的法器并未出现,而是选取一些与现代人类生活密切相关的方方面面,许愿人与自身、人与社会以及人与自然之间,从物质到精神的各方关系和谐共存。

标志中观音的头光(头后的圆圈)表现为一个细正圆,身光(包括整个身体)则非常醒目,采用内部光滑,外部火焰的正圆造型,凸显出身光和头光的层次。较之传统塑像,标志中形象的头身进行了略带卡通式的微调,头部比例放大,手臂变短变粗,手和器物变大,使头部、手部及头光形成的轮廓外形适合于观音身光形成的圆形之中。底下的莲花座以俯视角度表现为圆弧形,衔接身光组成完整的圆形,使结构更加整体、单纯,因而更易于识别和记忆。

身光的火焰象征正义、和平和光明。火焰的形态决定了 CAMERA 和 KWANON 的字体风格。"CAMERA"放置在观音形象上方,形态中带有火焰的圆弧和尖角,但整体较为平静收敛,字体呈上拱圆弧形,平行于观音身光圆形的上弧;下方"KWANON"设计为火焰形字体,下部呈直线,落稳根基,上部笔画仿火焰上升,符合观音身光的圆形下弧。标志的三个部分分别清晰传达了产品类型、产品理念、产品名称的信息,并且将承载产品理念的图形作为核心,其他元素都围绕核心进行安排与设计。当时相机镜头以 Kasyapa(迦叶佛)命名,广告语使用"凡有所相,皆是虚妄",一语双关地表达了佛教观念和产品特性。

从当下标志实用性和审美性两个标准来看,这个标志元素过多、细节过于繁复,不适合在相机机身上小尺寸应用,且媒介拓展极为受限；此外，千手观音形象太具地域特色，在亚洲以外大多数国家缺乏辨识度，显然难以匹配佳能早期"世界第一"的雄心。但值得称道的是：标志本身意图传达的观念、所使用的造型语言和艺术手段，显然都经过了一番深思熟虑，严谨认真地传达了品牌对人与万物和谐共生的美好愿景。因此，佳能"共生"理念可以说早在正式提出之前，早已孕育在初代"KWANON"（观音）标志之中。

图7-2 KWANON字体标志

二战期间，日本本土普通民众生活亦受到战争影响。此时出现的千手观音标志以一种人力不可改变而求告神力的方式，传递了企业企盼和平与光明的万物共生理念[4]。这一理念在当时仅诉诸图形还未浓缩为"共生"二字，但图形及其传达的理念都显然带着属于那个时代的特殊印记，并且由于从未停止的地球问题而带有屡用屡新的经典性。

1934年，精机光学工业株式会社从研究高端相机的定位转为相机生产和销售。随着吉田五郎因各种原因离开株式会社，原来的观音标志被修改为以丝带为装饰的手书连体英文字体，完全摒弃了原观音像的所有元素（见图7-2）。这种风格很可能受到早期可口可乐标志的影响。由此，标志最早直白的信仰形象通过从图形标志简化

---

4. "Kwanon"这个称号反映了佛教观音菩萨的仁慈，体现了佳能公司创造世界上最好的相机的愿景。来自"佳能标志"[EB/OL]. https://global.canon/en/corporate/logo/。

为字体标志而得到彻底淡化。不过，这款标志并未在市场上发布。

最终正式注册的商标是在1935年更名为"Canon"后[5]，也就是今天佳能纯字体标志的原型。那么，早在1933年发端于观音标志，但直到1988年才正式提出的"共生"理念，在"Canon"字体标志中是否也有所体现？抑或并无瓜葛？而这个问题的答案涉及一个关于品牌视觉设计的至为关键问题：对于品牌，特别是商业品牌而言，内容（理念）与形式（视觉）的合一是必需的吗？

2 抽象笔画中的"共生"

由于相机产品的特性，几乎所有知名相机采用的都是纯文字标志。对它们稍加关注的人们，闭上眼睛回想或是逐一检阅，便会发现它们本身就是或非常接近标准印刷字体，比如莱卡、尼康、索尼、松下等；到佳能这里，便显然完全脱离印刷体而独立设计，形态具有同类标志中少有的动感。

1935年佳能改"Kwanon"为读音相似的"Canon"，发音[kw]改为[k]后，无论对哪种方言习惯来说都更加清脆悦耳，字形"Canon"亦更为美观简洁、易于记忆。紧随更名而来的是标志设计。

---

5. canon 一词有多种含义，包括经文、标准等。该名称更适合一家从事精密设备的公司使用，也更容易被全世界人民接受。而且 Canon 和 Kwanon 的发音相似，因此过渡顺利。佳能标志：https://global.canon/en/corporate/logo/。

一位或许不太知名但富于想象力的广告设计师提供了"Canon"初代标志方案（见图7-3）。这个设计方案有些像手绘提案阶段，尚未进行标准化制作，从笔画间似乎可以想象一位设计师拿着一支黑色针管笔缓慢而沉稳地勾勒线条的情景，它确定了标志的基本风格并沿用至今；不同于印刷字体大小写接近2倍的字高差异，字母"C"的字高比其后小写字母仅仅略大一点儿，使既存在大小写节奏但又不失匀称；字母间距被压缩到相切的程度，极为紧凑；字母"a"的右竖笔画呈30°向"C"倾斜，加上字母有意识夸张角度的衬线，使标志字母之间结构关系更为密切，稳定中增加了些许动感。较之此前"Kwanon"纯文字标志，这款标志的结构沉稳耐看，原创性高，并且风格独立。

图7-3 Canon 初代标志

图7-4 Canon 标志应用于相机效果

进一步考察这款标志应用于相机的效果，就会理解为何设计师会采用那样细的线条（见图7-4）。当时的机身主要为金属材质，印刷工艺也不如今天先进，标志并非印刷而是雕刻，要求负形空间（文字线条与线条之间形成的空白）较大。因此，唯有细线条才能刻制在机身上并被清晰地观看。可以大胆推测，之前线条较粗的"Kwanon"字体标志很可能在置于相机上时遭遇到无法清晰制作的困难,也或许可以解释早期佳能在2年多时间内频繁更换标志的原因。最终应用在相机上的"Canon",无论字母自身形态,还是笔画设计,都至为精简。这款标志在20世纪50年代之前一直用于佳能产品,并出现在一些非常出色的相机上。

虽然标志在1935年已经注册,但并没有制定严格的统一制作标准。直到20世纪50年代初,佳能还在不同材质和形态的机身上尝试标志的各种微调,甚至在机身设计条件不允许时将标志直接改为常规印刷字体(见图7-5)。微调方面的主要变化发生在衬线和字母"O"的形态上。从1953年的FL金属机身和塑料镜头盖上可看到,标志衬线被不断加强,

图 7-5　佳能标志的应用和微调变化

图 7-6　1953 年 Canon 标志

特别是首字母"C",衬线延长至几乎等于字母本身的半径,一不小心很容易与"e"字母混淆;笔画靠四角的棱角变得越来越分明,结构中多了一些比之前硬朗的角度;O字母从椭圆改为正圆,整体阅读感受更加清晰。

1953年官方发布的标志情形与同时期产品上的差异略大,主要在于对称线和字母"O"的处理上(见图7-6)。从比较中可以看出佳能对待标志所纠结的主要矛盾在于:怎样更好地处理衬线和"a"

字母的斜线；怎样可以加粗字体让标志更醒目，同时又能应用于相机上；以及一直未能明确、徘徊于正圆和椭圆之间的"o"字母形态。

　　这些矛盾终于在相机材质和印刷条件具备，并邀请到对图形更为敏锐的设计师之后得以解决（见图7-7）。1956年意大利字体设计教授 Gio Fuga 应邀对标志进行了修改[6]。他保留了基本的字体特征，但对笔画细节进行了大幅度调整：所有字母笔画的纵向线条大大加粗，与最细处的比例几乎达到10:1，极大地加强了笔画之间的粗细对比；更为大胆的处理是衬线，改为锋利的尖角，并鲜明的

图 7-7　1956 年 Canon 标志

统一朝向领头的字母"C"，而"C"字母的衬线则朝向自己腰下，产生强烈的凝聚力；"o"字母的处理相当聪明，使几十年来的椭圆与正圆之争有了充分的理由尘埃落定，它外部正圆，内部圆头粗线负形向左倾斜的形态，成为一个象征相机镜头的图形，给观看标志的消费者提供了更大的想象空间；字母"a"的斜线与"n"字母第一个笔画特征完全一致，仍然向左倾斜，并且角度与"o"中间的负

---

6. 佳能标志[EB/OL].https://flynngraphics.ca/the-collection/canon-history/canon-logo/。

形圆头粗线一致，"a"左下方笔画采用一个大椭圆与一个小正圆相切，与"o"字母圆形有所呼应。总之，标志结构中隐藏着大量耐看的细节。

至此用心的读者可能会怀疑笔者因沉迷于标志形式的细节分析，早已将前文中"共生"理念与标志形式关系问题抛之脑后了。而事实上，在企业高层与设计师并不热衷于对外详细解说品牌标志的条件下，研究者考察品牌标志变化的历史和比较细节，或许更能客观理解标志创意。因为在设计过程中，感性和理性总是同时发挥作用，决定设计结果的高层和设计师在创意过程中，部分依靠理性分析，部分则依靠敏锐的直觉，而这两者都与品牌自身历史有关。与其说某一个经典标志是由某设计师设计，不如说标志由它本身的各方面条件、所处环境和历史决定，只是借设计师之手寻求到最恰当的表达。

佳能标志正是如此。在1935年"Canon"字体标志诞生后，有关形式的问题是如何使标志沉稳与动感共存，在字体中既使用更富有设计形式感的正圆，又能使圆形及其他笔画与两个"n"字母形态保持关联，同时还期望通过明显的衬线让整个字形更为连贯。这些平衡最终在1956年的标志中得以实现，标志字母笔画以方形、圆形、尖角和圆角这些截然不同的基本形构成，却能和谐地组织在一起。字体笔画中同时通过"o"字母的镜头图形化完成了抽象与具象两种语言的巧妙结合。在如此简洁的标志内部实现了"和而不同"。从观音图形中寄予的共生愿望，到"Canon"笔画间的共生表达，"共生"作为品牌内在灵魂，实际上在1988年提出之前，便一直或显性或隐性地存在并生长着。

小结

佳能"共生"理念的明确提出是在世界和日本大环境中催生而出，比品牌历史上第一个标志晚半个多世纪，比同时期正在使用的标志晚30多年。但通过追溯标志历史，可知这个理念实际上在品牌开创之初便已孕育并不断生长，直到明确为"共生"这一特定概念。这或许与图形和文字的本质特征有关。远古祖先使用图像表达远早于文字。人类的想法总是发端于具体的事物（易转换为图形），而后抽离出来成为概念（易转化为语词）。"共生"正是从护佑众生的千手观音标志中孕育，在"Canon"标志试图将各类原本相互排斥的笔画、形态和谐组织在一起的过程中不断成熟，最终抽离出"共生"的概念。佳能"共生"从图形到概念的转换历经半个多世纪，并携手继续演绎到现在乃至未来，由此在历史中构建出经典品牌应有的生命厚度。

第八章
正义与诱惑
星巴克

1971 年

星巴克（STARBUCKS）是来自美国西雅图的咖啡烘焙商和零售商，以82个市场32000家门店成为全球最大的咖啡连锁店（截至2021年数据）[1]。走在大街小巷，我们很容易遇见星巴克醒目的绿色"美人鱼"圆形标志（见图8-1）。不过，这位奇怪的"美人鱼"有两条鱼尾，被双臂搂着翘在身体两侧。如果追溯标志中这一形象的历史变迁，会发现今天看来非常优雅美丽的美人鱼形象，原型竟是一个有些可怕的双尾裸女形象。她是谁？来自哪里？与"星巴克"名字有何关系？哪些因素促成了她的变身？

图8-1 星巴克标志

1 咖啡与西雅图

"咖啡"一词源自希腊语"Kaweh"，意为"力量与热情"。咖啡提神醒脑的神奇功效一度让它充满奇幻色彩。《古兰经》记载

---

[1] 来源于星巴克官网数据。

道，穆罕默德在执行一项重要任务前睡着了，天使哲布勒伊米用一杯咖啡唤醒他，咖啡强劲的力量让他一口气打败了40个骑士；《圣经·旧约》中强壮的斯巴达人日常饮食中的"黑汤"、《奥德赛》中能够驱赶愤怒和忧伤的"忘忧药"，都被一些研究者认为其实就是咖啡。在禁酒的穆斯林中，咖啡被称为"阿拉伯葡萄酒"；战争中，欧美士兵由于不能酗酒而移情咖啡，咖啡成为单兵口粮的标配之一。咖啡的神秘力量使它获得宗教和战争这对"风火轮"而驰骋全球。

对咖啡的历史稍做了解，便更容易理解之后将要讲述的，以"星巴克"之名所代表的力量和以双尾"美人鱼"为形象代表的诱惑，两者组合而来的咖啡品牌，诞生在西雅图这座城市十分合宜。

美国是世界咖啡消费排名第一的国家，其中又以西雅图为全美之首，这一定程度上与西雅图的地理环境有关。作为沿海港口城市，西雅图市被蓝色的海水环绕着，如同一颗翡翠，它的水域面积约152平方公里，占整座城市总面积的41.16%；原始森林覆盖面积高达90%以上；西雅图气候温和，降雨量大，有"雨城"之称，但由于位于奥林匹克山脉的背风坡，小雨或毛毛雨居多，极少强降雨，且平均每年约有226天都是阴天[2]；此外，西雅图冬季白日时长为8小时，一杯温暖的咖啡能让人感觉温暖又能量满满。浪漫的地理环境和阴沉多雨的气候，为咖啡文化在西雅图扎根提供了优质土壤。

---

2. NowData – NOAA Online Weather Data[EB/OL]. National Oceanic and Atmospheric Administration. 2021-06-29.

开设在西雅图的第一家星巴克最早由3位年轻人创办：高登·鲍克（Gordon Bowker）、杰瑞·鲍德温（Jerry Baldwin）和泽夫·西格尔（Zev Siegl）。他们当年分别是自由作家、英语教师和历史教师，都出生于20世纪40年代初，其中鲍克和鲍德温是大学室友，20岁时因旅行结识了西格尔，3人很快成为朋友。相似的职业背景和兴趣爱好，使他们在西雅图讨论品牌名称和形象时，很自然而默契地从文学和历史的海洋主题中汲取灵感。

2 精神实质："斯达巴克"之名

"STARBUCKS"（星巴克）名字来源于小说《白鲸》中的大副Starbuck（斯达巴克），包括官方在内的资料都会描述他为"爱喝咖啡的大副"。然而事实上，正如一些《白鲸》研究者所提出的，《白鲸》中并找不到斯达巴克爱喝咖啡的相关叙述，1956年由小说原著改编的电影《白鲸记》亦是如此。但选择斯达巴克命名的真实原因实际上更为精彩。

热爱文学且地处海滨城市的创始人会联想到《白鲸》并不奇怪。《白鲸》（*Moby Dick*）是美国小说家赫尔曼·梅尔维尔（Herman Melville 1819—1891）于1851年发表的海洋题材长篇小说，讲述了被复仇欲望燃烧的亚哈船长带领船员追逐并杀死白鲸莫比·迪克，最终全船与之同归于尽的故事。《白鲸》在出版的第一年只卖出了5本，直到70年后的1920年才重新定义其文学价值，被称为"美国的莎士比亚"，并于1956年被改编为电影。作曲家鲍勃·迪伦在获诺贝尔文学奖致辞时，声称《白鲸记》影响了他的一生。

小说中的大副斯达巴克善良、理智、勇敢，是唯一有能力与亚哈对抗的正面人物。斯达巴克的名字之所以会在3人为命名头脑风暴时跃入鲍克的脑海，并立时达成共识一致通过，一是出于3人同样对小说的熟悉与热爱，其二更重要的是：小说对斯达巴克令人印象深刻的人物刻画。杜撰出斯达巴克爱喝咖啡或许是为了让大众能更易于记忆和传播，但实际上更为关键的是：这个文学形象呈现出的特质，契合3位创始人内心对自创咖啡品牌的完美想象，这才是命名更深层次的原因。这里有必要摘录片段以给读者更直观的感受：

> 裴廓德号的大副是斯达巴克，南塔开特人，祖祖辈辈都在公理会。他个子高，人诚恳，虽然出生在冰天雪地的海岸，似乎很能适应热带气候，他那一身肉硬得就像是烤过两次的饼干。把他运到东印度群岛，他身上的血也不会像瓶装啤酒一样变酸。他一定是出生在大旱闹饥荒期间，或者是在他的国家盛行的某个禁食日。他还只经历过大约30个干旱的夏季：那些个夏季把他烤得干干的，全身没有一点多余的肉。但是这一点，就是说他的干瘦，似乎不是那种折磨人的忧虑重重的象征，也不像是身体有病的迹象，仅仅是整个人凝缩成了这个样子。他绝不难看；恰恰相反。他干净绷紧的皮肤非常贴身，紧裹在里面的是内在的健康和饱满的精力，就像是一个复活了的古埃及人。这个斯达巴克似乎准备挺住漫长岁月的来临，而且就像现

在这样地挺住；因为不管是南极的冰雪还是赤道的太阳，他像丝毫不受影响的航海时计，他内在的精力保证他在任何气候条件下都能应付裕如。往他的眼睛深处瞧去，你似乎看到了仍滞留在那里的他一生中泰然身历的无数危难的影像。他坚定沉着，他一生绝大部分是很有感染力的充满行动的哑剧，而不是由单调的声音组成的篇章。然而，尽管他非常冷静坚毅，他身上的某些品质有时却影响更大，甚至在某些情况下几乎起了一边倒的作用。作为一个海员来说，他过于认真，又生来就对大自然怀有深深的崇敬，因此长期生活在荒凉的海上那种孤独感便使他变得非常迷信；不过他这种迷信，不知怎的，似乎与众不同，与其说是出于无知，不如说是来自智慧。外在的怪异和内心的直觉在他身上合而为一。而这些东西如果有时软化了他那焊铁般的灵魂，那他对他那远在家乡的黑白混血种的年轻妻子和小孩的思念就更加柔化了他性格中原有的相，使他更易于接受那些潜在的力量的影响。这些潜在的力量会在一些老老实实的人心中克制住那种胆大妄为的冲动，这种冲动许多人在捕鲸业非常危险复杂多变的情况下表现得太常见了。"我绝不允许在我的小艇上有一个不怕大鲸的人。"斯达巴克说。他这话的意思似乎不仅仅是说，最可靠、最有实效的勇气只能来自对所遭遇到的危险做出清醒的判断，而且也是说，一个完全无所畏惧的人比起胆小鬼来是更加危险得多的伙伴。

斯达巴克绝不是那种一味追求惊险刺激的骑士；他从不把勇敢看作一种内在的情操，而仅仅看作是一种有用的东西，能在一切关键场合派上用场。此外，他也许认为在捕鲸这个行业中，勇敢是船上大家的主要给养之一，就像牛肉和面包，是不能白白地浪费掉的。因此，他不喜欢在日落之后还放下小艇去追捕大鲸，也不赞成和一条过于顽抗的大鲸一直斗下去。因为，斯达巴克认为，我来到这凶险的海洋来捕杀大鲸为的是谋生，不是来充当它们的食物让它们吃掉。成千上万的人就是这样给吞掉的，这一点斯达巴克很清楚。他自己的父亲是怎么死的？在那深不可测的海洋里，他到哪里去寻找他哥哥那被撕碎的肢体？

斯达巴克虽然脑子里装着这样一些回忆，而且如前面提到过的，还非常迷信，尽管这样，他的胆量仍然有增无减，确实到了无以复加的地步。不过，对于一个具备他这样素质的人，有他这样可怕的经历和回忆的人，这些东西居然没有在他身上引发一种因素，潜伏下来，在适当的条件下，突破理智的控制，激发起他所有的勇敢，这不符合常情。不过，就算他很勇敢，那也主要只是一种见之于一些无所畏惧的人的那种勇敢，那种勇敢虽然通常能坚定不移地对抗海洋、风暴、大鲸，或者世界上任何普通的不合理的恐怖，却抵挡不住那些更大的恐怖，因为那些主要来自精神方面的恐怖有时会由于一个强有力的人暴怒之下一皱眉一板脸而使你感到威胁[3]。

---

3. 赫尔曼·麦尔维尔：罗山川译，《白鲸》（MOBY DICK），后浪出版公司，2021年版，第144—145页。

只有认真品读过上述精彩文字的人，才能体会到"Starbuck"（斯达巴克）这个名字中透露出来的那股来自身体和灵魂的惊人张力，经历丰富、坚定沉着，勇敢热情，但理智务实，对自然怀有敬畏，这恰恰暗合迷恋咖啡的人们对高品质咖啡的理解。但是，要把这样一个严肃而略显复杂的信息传递给参差不齐的消费大众并不容易，效果也未必理想，远不如"爱喝咖啡的斯达巴克"来得亲切且容易形成记忆点。是否读过《白鲸》，是否了解斯达巴克其人并不打紧，可以想象的是：当顾客听到这个简短的信息时，头脑中可能会浮现出一位绅士正品尝咖啡的画面；稍多了解《白鲸》的话，或许会冒出一位酷酷的水手在甲板上品着咖啡的场景（虽然小说和电影中并没有出现过）。总之，海洋、水手、探险这类在人们头脑中形成了通感的神秘事物，贴切地将人们对咖啡的抽象感受外化为可以想象的具体内容。

　　这也足以看出，商业品牌往往不会像学术研究一样，肩负向大众传播知识的使命，而是仅仅怀有占有市场的单纯目的。贸然而迫切地传递过于繁复、暧昧不明或设定理解门槛的信息，通常不是品牌的明智之举，因为它们很可能令许多潜在消费者望而却步。因此，成功的品牌往往外在形象简洁明了，信息明确，甚至有时候除了呈现一个简洁的标志外，并不过多解释。然而，这并不代表它背后的故事也像它所呈现的那么轻松简单，那肉眼所不能见的丰富性才是决定品牌生命延续长度和宽度的关键。由此，星巴克在命名之初，品牌理念已明确定位为小说《白鲸》中斯达巴克的内在精神——一股强大的正义力量。

此外，根据品牌需要，创始人对名称的字母构成进行了微调。"STARBUCKS"（星巴克）在 Starbuck（斯达巴克）末尾添加了"s"，使它的发音听起来更加铿锵有力，耐人寻味。有趣的是：公司的第一个名字原本为"Starbuck's Coffee Company（Washington corporation）"，没几个月便将"Starbuck's"改为了"Starbucks"。按照英语语法规则，它是从所有格形式"斯达巴克的"，改为了复数形式"斯达巴克们"，去掉标点符号后，单个单词的一串字母看起来更加简洁独立，从消费者角度亦有更强的代入感。当"STARBUCKS"进入中国时，采用意译和音译相结合的办法，并舍弃了"s"的发音译为"星巴克"，显然更符合中文字形、字意和发音的审美习惯。

3　视觉诱惑：塞壬之像

星巴克虽然名字源于斯达巴克——一位铁骨铮铮、刚强正义的水手，但是标志图像却是魅惑的塞壬形象[4]。这似乎有些奇怪，品牌既然使用了小说中角色的名字，并且小说之后的同名电影已将这个原本需要想象的形象视觉化出来，为何星巴克没有采用斯达巴克的形象作为标志图形呢？

在星巴克名称确定后，泰勒·赫克勒（Terry Heckler）应高

---

4. *The Insider: Principal roasts Starbucks over steamy retro logo*[EB/OL]. Seattle Post-Intelligencer，2006-09-11.

登·鲍克的邀请为其设计标志。赫克勒从水手斯达巴克名字出发，在古老的海事书籍中寻找灵感。当他在一本15世纪的挪威书中看到一幅来自斯堪的纳维亚（Scandinavia）的木雕插画时，他突然想到，这个神话里的美人鱼可以召唤人们喝杯咖啡，而不是在岩石上引诱水手。赫克勒后来回忆自己的设计初衷道："塞壬能把水手们吸引到岩石上来，非常适合作为对咖啡因诱惑力的隐喻。"

图 8-2 塞壬形象

图 8-3 初代星巴克标志

起源于古希腊神话中的塞壬，被认为是非常危险的生物，它们用迷人的音乐和歌声引诱附近的水手在岛屿的岩石海岸上触礁（见图8-2）。赫克勒聪明地偷换了其中的概念，将危险的诱惑置换为召唤人们喝咖啡的善意（见图8-3）。象征咖啡精神力量的水手斯达巴克之名，配上代表咖啡诱惑力的塞壬之像，充分地表达了星巴克对咖啡的理解。但是正如开篇所说，此时的塞壬形象从今天的审美看来有些可怖，并且因为过分裸露而略显不雅。

对比插画和标志中的塞壬形象，可见标志基本保留了插画的原有样貌，仅进行了一些比例和细节的调整（见图8-4）。首先是比例关系，原插画比例偏扁，鱼尾像双腿一样分离为两条，标志经修改后，身躯被拉长使其符合圆形外框，且臀部改为完整的鱼身，降低了性暗示成分。其次是阴影的调整。脖颈、乳房和肚子上的阴影大大减少，原插画中明显隆起的腹部经调整阴影后平坦了许多。标志显然将塞壬形象处理得稍微内敛、端庄了一些。色彩上，标志直接采用深咖啡单色，以突出产品特性。后来为何更改为绿色呢？这与另一家叫"ILGiornale"的咖啡馆有关，这家咖啡连锁对现代星巴克产生了巨大影响。

创始之初的星巴克实际上只销售优质咖啡豆和咖啡设备，之所以成为我们今天见到的咖啡馆样子，得益于犹太人霍华德·舒尔茨（Howard Schultz，1953—）的经商才能。

图8-4 塞壬插画形象

1981年，原本在瑞典公司 Hammarplast 担任销售代表的霍华德·舒尔茨，出于对星巴克的好奇而走访了星巴克，于第二年被聘为星巴克的营销主管。之后舒尔茨敏锐地发现，由于缺乏对优质咖啡的了解，初来乍到的顾客有时会在店内感到不安，所以他与商店员工一起开发客户友好的销售技巧，并制作了小册子，使客户可以轻松了解公司的产品。1983年，舒尔茨出差意大利时，对这个国家咖啡馆遍布全国的情形印象深刻，回公司后他立刻提出改革建议，坚信咖啡吧业务是星巴克的真正未来[5]。可惜戈登·鲍克和杰瑞·鲍

---

5. Howard Schultz, and Yang, Dori Jones. *Pour Your Heart Into It: How Starbucks Built a Company One Cup at a Time*. Hachette, 1997; Howard Schultz, Joanne Gordon. *Onward: How Starbucks Fought for Its Life without Losing Its Soul*, Rodale, 2011.

德温并不赞同。无奈之下，舒尔茨与他们分道扬镳，自己创办了ILGiornale（意大利语，意为"日常"，因此通常译为"每日咖啡"），并将他所理解的意大利咖啡文化复制到 ILGiornale 身上。ILGiornale 很快在消费者中流行开来并迅速扩张。1987年星巴克没落出售，舒尔茨收购了它，并将每日咖啡的所有业务合并到星巴克，致力于实践为顾客提供舒适环境享受饮品的咖啡馆营销概念[6]。

图 8-5　每日咖啡标志和影片剧照

在舒尔茨的指导下，星巴克咖啡连锁店在4年内从不到20家门店发展到100多家，并于1992年上市，逐渐成为世界上最大的咖啡连锁店。综上，现代星巴克的成功可以归功于在"卖什么"问题上的观念转变。

上述历史同样生动有趣地反映在视觉上。ILGiornale（每日咖啡）的标志是一个黑白版画的水手头像，与1956年拍摄的电影《白鲸记》（*Moby Dick*）[7]中斯达巴克的形象出奇一致（见图8-5）。虽然没能找到官方证据，但从他们之间明显相似的特征，例如帽子和鼻尖，以及对 star（星星）的使用，不难看出舒尔茨的"星巴克情

---

6. Howard Schultz. *From the Ground Up: A Journey to Reimagine the Promise of America*. Random House, 2019.
7. 根据小说拍摄的同名电影，导演是约翰·休斯顿。

节"。每日咖啡的标志为绿色,也是星巴克在被收购与之合并后延续至今的色彩。咖啡色和绿色的选择背后,实际上隐藏着营销观念的差异,前者营销侧重咖啡本身,而后者则侧重服务,以绿色传达客户在咖啡馆享受饮品带来的闲适感受。

舒尔茨颇具典型的犹太人智慧。在收购星巴克之后,他把自创的每日咖啡并入星巴克而非反之。这很大一部分原因在于星巴克名字更为朗朗上口,而能正确读出"Giornale"的人却寥寥无几。合并后的星巴克将标志大改了一番,成为此后沿用至今的图形原型。

4 形神合一

水手斯达巴克和海妖塞壬,可谓一正一邪。斯达巴克的正义力量是隐藏在星巴克命名中的品牌理念,而塞壬身上的神秘诱惑最能表达星巴克对客户的热情召唤。舒尔茨在接手星巴克后,标志朝着诱惑与正义的合一极大地迈进了一步。

新标志是对旧星巴克和每日咖啡标志各样元素的重构(见图8-6)。首先,它沿用了每日咖啡中白、绿、黑的色彩搭配和五角星元素。其次更重要的,它将之前写实的塞壬木刻版画,依照每日咖啡斯达巴克形象的黑白简洁风格,修改为几何化图形。仔细观看这个新美人鱼图形,它由于采用了诸多当代视觉传达表现技法而具有了符号特征:(1)对称式构图。美人鱼从半侧面改为全正面;(2)标准几何化造型。由五角星和三角形组成的皇冠代替之前较为写实的树叶皇冠,简化五官为剪影,波浪形长发和鱼尾,臀部与鱼尾采用纯平面波浪图形；（3）正负形错视觉。波浪长发正形衬出曲线身体的负形；皇冠、鱼尾和外圆一同组成一个隐藏的、与外圆相切的隐形圆形。新标志无疑更简洁、更容易识别与记忆，并且形象更加端庄美丽。双尾美人鱼正面像代替侧身像、胸部和双尾臀部的图形化

图 8-6 星巴克新标志

处理、五角星的加入……一切细节的调整都使这个塞壬形象保有诱惑含义的同时更为正面积极。这恰恰符合设计师赫克勒意图将引诱水手的危险塞壬，改为召唤顾客喝咖啡的美人鱼的初衷。最初标志中的未尽之意在新标志中得到了表达。

但"更好"并不意味着"最好"。之后的新改变虽然是出于"被迫"，但结果却出乎意料的好。据传在1992年，星巴克收到一位母亲客户提出的抗议："我家的孩子问我，为什么两条腿是那样的姿势。你们如果不修改标志，我就再也不买你们的咖啡了！"[8]这可能促使星巴克重新审视自己的标志。之后的修改进一步显示了该公司在视觉传达设计策略上的专业性，他们以最低成本而有效的方式，成功规避了标志中的性暗示成分，那就是——保持圆形尺寸不变的情况下放大其中形象，直至肚脐和会被误会为"分开双腿"的臀部

---

8. 这个说法的真实性尚待考证，引用来源于一篇公众号文章，但原文后来无从查找。通常品牌不会因为一通投诉电话而决定修改标志，并且近年来星巴克大幅扩张，门店投诉情况屡见不鲜。但因为这个说法存在一定合理性，符合星巴克有意回避性暗示的标志修改目的，因此特作为一个有趣的典型情况予以保留。

被截到圆形之外（见图8-7）！这便是在视觉传达设计中颇受欢迎的"出血"手法，它能帮助舍弃不必要的信息，进而突出主题。采用出血手法对于标志的好处显而易见：在长发和鱼尾线条的映衬下，观者的视觉焦点集中在美人鱼的五角星皇冠和美丽面孔上，大大拉近了美人鱼和顾客的距离。2年后，星巴克加粗了标志图形和字体线条，使它更加醒目（见图8-8）。

图 8-7　1992 年星巴克标志

图 8-8　1994 年星巴克标志

进入21世纪，"扁平化"成为平面设计界的流行词汇，星巴克在这种视觉风潮下，于2011年将标志进行了扁平化修改（见图8-9）。标志外围字体和色块全部舍去，仅留下圆形"出血"的美人鱼形象。她的形象尺寸因而被再度扩大，客户能更清晰地看到她的面容。将新旧美人鱼置于图像软件中对比可知，

图 8-9　2011 年星巴克标志

新标志仅仅对鼻子阴影进行了修改，将其描绘得更为精致，而嘴角的笑意因为鼻型的调整显得更浓。颜色上，图形改为绿色代替此前的黑色，美人鱼的气质因温和的配色显得更加温柔亲切。原标志的黑色用在了"STARBUKCKS"无衬线字体上，字间距拉大横向置于标志图形正中下方，中对齐版式传递出优雅和肃穆感。至此，标志

的塞壬形象朝着斯达巴克的精神方向，表现出诱人的美丽和端庄的正义。

原本邪恶的塞壬形象与正义的斯巴达克搭配，通过星巴克出于品牌发展需要而一步步进化，最终去芜存菁，在品牌中实现了形神合一，传达出咖啡正义力量与诱惑魅力并存的星巴克初心。

小结

诞生于海滨城市西雅图的星巴克，以小说中的水手斯达巴克为名、古希腊传说中的海妖塞壬为像，在各种来自内部和外在力量的推动下，采用视觉传达一系列表现手法，完成了对海妖形象的正义改造，使正义与诱惑得以合一，星巴克的精神内在和视觉外在亦得以合一。星巴克营造的轻松舒适印象，很容易使人忽略或忘却其背后深厚的欧美历史文化底蕴，这也正是一个成功品牌举重若轻的独特魅力所在。

第九章
青出于蓝
斯沃琪

1983 年

"斯沃琪"本身包含两层意思：一是斯沃琪腕表品牌，二是斯沃琪集团。

斯沃琪首先是一个时尚腕表品牌，其最早创办目的是为挽救20世纪七八十年代石英危机下瑞士传统机械手表所遭受的重创。品牌凭借两个关键创新挽回了瑞士整个国家的经济局面：其一，放弃传统"瑞士制造"手表复杂的手工流程，改为全自动组装生产线、将手表零部件几乎减半，节省了约80%的生产成本，价格亲民锁定大众消费群体；其二，它开创了与知名艺术家合作的先河，赋予时髦青年全新的特立独行的时尚标签。这两个特质使它迅速在全球市场蔓延开来。

斯沃琪集团是斯沃琪腕表品牌所在的庞大集团，亦是全球最大的时尚手表制造商。集团原名为"瑞士微电机与钟表制造工业公司（SMH）"，由原瑞士钟表工业厂（ASUAG）和瑞士钟表总公司（SSIH）于1983年合并而成，1998年更为现名。集团收购了宝珀、宝玑等瑞士历史最悠久的经典奢侈表品牌，成为全球钟表业的霸主。截至2022年，斯沃琪集团旗下拥有18个不同档次的手表品牌，斯沃琪在其中属于最基础、最经济的品牌[1]。

斯沃琪腕表究竟有何魔力,虽然处在品牌档次最底端,公司却在成立15年后以之易名?瑞士学者尔格·维格林在《斯沃琪手表的创意魔法》一书中,从商业营销的角度生动书写了"一个低端品牌靠创意通吃全球市场的疯狂历程"。在此,本章将着重考察斯沃琪的历史文化渊源与视觉设计策略。

1 身份认同 VS 个性彰显

斯沃琪集团旗下的18个品牌创立时间阶段分布广泛,层次定位清晰,基本涵盖社会各阶层和群体对钟表的需求。它们依次被归为奢华、高端、中端、基础等四个档次(见图9-1)。从分析列表中可知,各档次品牌数量以7-3-6-2呈倒三角分布,整体规律为越往上走历史相对越悠久,如年纪最长的宝珀至今已有287岁高龄,越往下走越趋于年轻化。

18个品牌中有15个为吞并而来,其他3个最年轻的品牌——斯沃琪、飞菲和CK,都创办于集团成立之时或之后。这使斯沃琪集团成为商界颇为典型的"以小吃大"的成功案例。

从品牌特色来看,越靠近奢华品牌,服务对象越小众,主要包括皇家、贵族和精英阶层,所攻克的技术或工艺越尖钻;越靠近基

---

1. 见斯沃琪集团官网首页品牌与公司中品牌细分,[EB/OL]. https://www.swatchgroup.com/en/brands-companies。

础品牌,服务对象愈大众,风格追求时尚简约。自上而下,各品牌标志整体从高贵优雅的有衬线体向简约理性的无衬线体演进。

新老品牌之间的诸多差异可追溯到瑞士传统制表业与法国深切的历史渊源。制表工业最初在瑞士的兴盛与来自法国的宗教难民有关。法国1453年赢得英法百年战争最终胜利,国力日渐昌盛,素来追求时尚、热爱艺术的王公贵族掌握了充足的财力,开始大量订购昂贵奢华的钟表,以彰显其身份尊贵,使法国钟表匠人得以大展才华,创造出精美绝伦的手工机械钟表,钟表业在法国由此进入顶峰。但好景不长,随着1517年马丁·路德发动的宗教改革运动席卷整个欧洲,法国基督新教胡格诺派[2]和天主教之间爆发宗教斗争,斗争中遭到迫害的胡格诺派教徒纷纷从法国逃往瑞士,其中便不乏许多身怀祖传绝技的制表工匠,为瑞士带来顶尖的制表技艺[3]。

恰巧,瑞士也为法国钟表技艺的传承预备了优质的人文氛围。瑞士原是一个土地贫瘠、自然资源匮乏的国家,虽然景色十分优美,但在旅游业尚不发达的前工业时期,瑞士人除了去当雇佣兵,只能专注于需要投入很多人工精力才能完成的工作。在那个年代,人们所能完成最需要耐心、最耗费精力,但又最有成就感的工作就是钟表制作。法国的制表技艺和瑞士首饰加工技艺自然而然地结合在了一起,孕育出1601年世界首家钟表行业协会——日内瓦制表

---

2. 加尔文派教徒后来在法国被称为"胡格诺派"(Huguenots)。胡格诺派的主体是资产阶级,同时还有一些法国南部的大贵族。
3. 马丁:《欧洲宗教改革与瑞士钟表业的崛起》,世界历史,2020年版,02:52。

协会。于是，在法国没落的钟表业投胎到瑞士重获新生。也正因如此，瑞士传统制表业有着显著的奢华意味，在手工技艺上追求极致，视觉设计上则主要呈现为装饰性较强的巴洛克或洛可可风格。

行业形成竞争规模并开始理性瓜分市场后，工匠时代逐渐更替为品牌时代，1735年第一个钟表品牌宝珀的创立，是两个时代正式完成交接的主要标志。工匠精神打造出品牌，但在产品直面广大平民的新品牌时代，消费力一部分从少数贵族精英分散到平民大众手中，加之新科技来临带来的石英危机，让瑞士传统钟表业难以为继。

时代造英雄，被称为"瑞士钟表救世主"的海耶克，引入了批量生产大众化瑞士腕表的全新概念，并将之实践于斯沃琪品牌，引领消费者自由个性的生活态度，这对于传统瑞士手表来说极具颠覆性。海耶克对此言之凿凿："我们出售的是一种生活方式，手表只不过碰巧成为它的载体而已。或许有人不喜欢我们的产品，但他能拒绝对个性、时尚、自由生活的选择吗？"[4]充满了迎合消费者标榜自我的诱惑气息。在平民时代消费需求下，斯沃琪品牌打破了瑞士钟表以往几百年间代表高贵身份的奢侈品单一概念，以后来者姿态居上，成为彰显独特个性的大众时尚配饰。在此，艺术创意被邀请到市场舞台的聚光灯下成为绝对主角。

---

4. 斯沃琪：反方向的"时间强盗"[EB/OL]. https://m.cqn.com.cn/zgpp/content/2012-08/27/content_1630278.htm,2012-08-27。

斯沃琪集团旗下18个品牌

层次	品牌名	标志	原产地	创立时间	收购时间	特色
奢华品牌7个	宝珀	BLANCPAIN	瑞士	1735	1992	五十吋潜水表、超复杂腕表
	雅克德罗	JAQUET DROZ	瑞士	1738	2000	数字8表盘,大冥火珐琅、微绘珐琅技艺
	宝玑	Breguet	瑞士	1775	1999	"现代制表之父",发明钟表行业超过70%的技术
	格拉苏蒂	Glashütte ORIGINAL	德国	1845	2000	代表德国顶级制表工艺。第一枚双盘同轴大日历腕表
	欧米茄	OMEGA	瑞士	1848	1985	最强机芯,宇航员专用表和潜水表
	黎欧夏朵	LEON HATOT	法国	1905	1999	集合珠宝设计、贵重金属镌刻和制表工艺三大专长
	海瑞温斯顿	HARRY WINSTON	美国	1932	2013	"钻石之王""明星珠宝商"
高端品牌3个	浪琴	LONGINES	瑞士	1832	1999	运动计时领域经验卓越
	联合格拉苏蒂 Union	UNION GLASHÜTTE/SA.	德国	1893	2000	德式风格,舍弃复杂繁复的人为加工,选择机械代工
	雷达	RADO SWITZERLAND	瑞士	1917	1992	创新设计、革命性材质及不易磨损
中端品牌6个	天梭	TISSOT	瑞士	1853	1992	瑞士"国民手表",以亲民价位保证一定的技术配置
	雪铁纳	CERTINA	瑞士	1888	1983	防水、抗震和耐用
	汉米尔顿	HAMILTON	美国	1892	1983	精准耐用,最富美国文化和风格

层次	品牌名	标志	原产地	创立时间	收购时间	特色
中端品牌6个	美度	MIDO SWISS WATCHES SINCE 1918	瑞士	1918	1983	颜值和性价比高
	宝曼	BALMAIN PARIS	法国	1945	2013	标志性蔓藤花纹。2005年后各届瑞士小姐专用表
	Calvin Klein	Calvin Klein	瑞士	1997	/	简约时尚
基础品牌2个	斯沃琪	swatch🇨🇭	瑞士	1983	/	时髦缤纷的色彩，活泼的设计以及颠覆传统的造型
	飞菲	flik flak	瑞士	1987	/	童表

图 9-1　斯沃琪集团旗下 18 个品牌

2　"SWATCH"之名与形

好产品与好名字对品牌成功至关重要。为了实现全自动流水线作业低成本的同时保证"瑞士制造"的品质，公司自1978年开始历经4年艰难的探索过程，最终得到了超薄表面，且经多番测试改进后走时精准、基本无须售后的高品质手表。而后推入市场前最重要的一件事，是为它取一个漂亮悦耳的名字。公司市场营销专家施普雷歇收集了60多个名字罗列在纸上，其中不乏非常直接地包含"手表"（watch）的命名，如"就是块表"（just-a-watch）、"乐表"（Funwatch）。美国纽约的广告代理商麦肯集团建议索性用"瑞士手表"（Swisswatch 或 Swiss Watch）、"第二块表"（Second Watch）或者"S表"（S'Watches）。施普雷歇日日思索考量，最终在一次从美国飞回瑞士的航班上，用笔画去麦肯集团提供的三个方案中代表"瑞士"的"S"与代表"手表"的"Watch"之间的字母，"Swatch"赫然于纸面[5]。海耶克后来将 swatch 中所含"第二块手表"（second watch）的含义衍生为"人们可以拥有两套房子，也可以拥有第二块手表"的卖表理念。

图 9-2 斯沃琪品牌标志

品牌标志同样简洁明了，由品牌名称字体和瑞士国旗基本图形组合而来（见图9-2）。品牌字体全部采用小写，但 t 和 h 两个超出 x 高的部分笔画被大大缩短，几乎只占整体字高的1/4。如此，小写字母组合呈现出大写组合的气势，但又不失亲和。字母笔画有意通过专门设计强化水平特征，如 s、w、a、t 字母中的圆弧线都设计为横向扁平的形态，c 字与 a 字母中的圆弧保持一致，以保持连贯性和紧凑感，所有笔画线条粗细一致、整体偏细，制造出轻薄、简洁的手表意象。虽然标志图形对瑞士国旗中白色十字与红底的大小比例进行了调整，拉大白色十字使之充满红色正方形，四角呈现出四个醒目的红色正方形，这一调整使图形正负形比例均衡，更好地适应标志不同尺寸的展示需求。图形放在品牌名称右侧，与x字等高，进一步加强了扁平腕表的抽象意味。

斯沃琪集团是海耶克在1998年从"瑞士微电机与钟表制造工业公司"改名而来，由纯粹强调功能性质的公司名改为富于文艺气息的

---

5. 于尔格·维格林：《斯沃琪手表的创意魔法》，江苏凤凰文艺出版社，2013年版，第78页。

品牌名。较之斯沃琪品牌的标志，集团标志更加持重低调（见图9-3）。标志由SWATCH GROUP 和4个渐变的圆点组成。

图9-3　斯沃琪集团标志

所有字母一律大写，字体扁平方正，形态也似腕表形态；图形同样来自瑞士国旗红底白十字，圆点从左至右依次变大，十字与圆点的位置关系亦呈现出规律性变化：第一个圆与十字右侧相切，往后十字依次往圆点中心移动，直至第四个圆，十字到达圆点正中。这种渐变设计颇为耐人寻味。官方并无意对之做出过多解释，但图形本身却传递出丰富的信息。从小到大渐变的4个圆点显然有集团发展壮大的意味，十字的移动使圆点可以被视作为运转中的地球。如果再深入些，4个点似乎可以代表4个层次的品牌，与圆相切的十字似乎是向右张开的嘴，从左至右以小吃大，而斯沃琪也的确在1998年更名后，进一步加速了对高端以及以上腕表品牌的收购。当然，这种解释并无切实的依据，标志在设计时是否有这样的隐喻我们不得而知。

总之，斯沃琪的名与形，在腕表和集团的两个概念中各自安放，两个斯沃琪标志形态既有相互关联的统一性，又兼具代表各自属性的差异性。简洁的图形传递出丰富的信息，令消费者一目了然。

斯沃琪腕表品牌的低端时尚定位复苏了整个瑞士钟表业，因而能代表集团命名。但是"时尚"风格如此之多，斯沃琪的"时尚"有何特别之处，如何实现的这种"时尚"？这个问题将带领我们探究斯沃琪与艺术创意结合的过程和方式。

3 "艺术"בswatch"

今天五彩缤纷的斯沃琪可能令我们难以想象，它最初尝试的第一批手表采用的是军绿色，目的是作为武器与日本手表竞争和对抗。当时公司满脑子都是如何打败日本石英手表夺回市场，连公司内部资料的第一页都写着"干掉日本人"，充满尚武意味。

幸运的是：1982年试验性投放美国市场时，一位名为马文·特劳布的美国高档商品连锁店执行官为之注入了全新观念。他建议每年往市场投至少6种新款式产品，才有可能把斯沃琪变成一个"时尚产品"，除此之外别无他法。

业界知名的苏黎世设计团队参与策划，将这种构想付诸实践，于是才有了今天创意不断、令人惊叹的模样出现在消费者视野中的斯沃琪。斯沃琪腕表的原始面貌是非常朴素简约的形态，零件只需要51个，外壳为塑料材质，这令它能够随意换装，如同一块立体画布，随时可以披上不同的艺术外衣。但是，视觉艺术的门类从古至今，从东到西如此繁多，斯沃琪选择与怎样的艺术家合作，如何展开合作达到独特的时尚效果呢？

斯沃琪与艺术结合的方式灵活多样，包括活动策划、艺术家设计、博物馆合作、个人定制等。下表针对持续时年最长、最为典型的斯沃琪与艺术家合作的方式，从自1985年以来不同年份中选取一些典型产品进行列表分析，可以总结出如下显著特征（见图

9-4）[6]。

其一，斯沃琪与艺术家的合作从未间断。据不完全统计，从1985年每年持续，至今总共与209人次艺术家合作完成超过500件腕表设计。1985年第一次合作的4位艺术家共产出146件作品，但这种密集的提案方式此后再未出现，之后人均创作大多为1—2件，以此保证同一时期推出手表风格的多样性。

其二，艺术家大多来自当代并且亲自设计手表。在抽样调查中，仅仅在2007年和2021年这两年中出现已故艺术家作品，另外一位95岁高龄的艺术家，转让作品使用权经由其他设计师完成手表设计，除此之外，其他几乎所有艺术家都以各自独特风格直接进行手表设计。

其三，合作艺术家来自世界各地，大多作品流派极具当代性且观念前卫，以抽象表现为主，极少写实风格。20世纪80年代先锋、达达、波普、超前卫艺术及表现主义等，90年代后现代主义、激进主义、抽象表现主义、朋克、复古等，21世纪流行文化、表演艺术、未来主义及其他极小众艺术流派，10年代抗议艺术、装置艺术、东方风格、欧普艺术等，其中波普艺术风格在不同时期的新表现方式几乎到每个年代都会重复出现，但在同一年代却似乎有意避免重复。也就是说：斯沃琪有意识地不断更新，尽可能带给消费者耳目一新的视觉印象。

---

6. 斯沃琪手表资料及图片来源于 https://swatchandbeyond.com/collections/standard-swatch-by-year/signed-artist-swatch。

其四，直接参与手表设计的艺术家年龄以中青年为主，大多已经形成成熟且固定的艺术风格。比如在随机抽样的30多位艺术家或团体中，41岁至59岁年龄段为17人，占比最大；40岁以下的艺术家或艺术团体有10个；60岁以上有9位，其中3位达到85—91岁高龄。

最后，手表艺术风格虽各不相同，但统一在创意无限的"斯沃琪"之下。绝大多数手表保持了swatch的基本形态和塑料材质，在表盘和表带上进行图形和色彩的改变，但是，每个年代都会推出少数彻底打破手表原有样式的产品，如1988年、1992年、2005年、2012年的几款造型，或是改变表盘的外形，或是将表盘表带完全包裹，已经看不到塑料表的原始面目。即使如此，所有手表具有色彩饱和度高、对比强烈、棱角分明的共同特质。在不变与变之间，品牌很好地把握品牌内核与创意之间的平衡。恰恰是这种不断跳跃的艺术风格和浓厚的色彩造就了斯沃琪风格。

斯沃琪也因此被视作"手腕上的艺术"[7]，公司采用发行量有限的饥饿营销方式，使产品进入许多藏家视野，原本主要为实用功能的平价瑞士腕表，在与消费者互动中逐渐演变为一件件艺术藏品。

---

7. 见斯沃琪官网表述"斯沃琪不仅仅是一块手表，它一直是世界各地艺术家手腕上的画布"。https://www.swatch.com/en-gb/swatch-art.html。

历年合作艺术家情况

年份	艺术家数量/作品数量	典型艺术家	国籍	作品风格	设计主体 本人	设计主体 他人	典型作品
1985	4/146	Kiki Picasso（1956—）	法国	先锋艺术、达达主义	●		
1986	1/1	Mario Fani（1950—）	意大利	战后及当代艺术家	●		
1987	3/5	Yokoo Tadanori（1936—）	日本	拼贴、迷幻、波普风格	●		
1988	1/6	不详	不详	不详	●		
1989	2/2	MimmoPaladino（1948—）	意大利	超前卫艺术、表现主义	●		
1990	1/2	Alessandro Mendini（1931—2019）	意大利	后现代主义、激进设计	●		
1991	6/9	Alfred Hofkunst（1942—2004）	奥地利-瑞士	写实绘画、波普艺术	●		
1992	8/9	Sam Francis（1923—1994）	美国	抽象表现主义	●		

年份	艺术家数量/作品数量	典型艺术家	国籍	作品风格	设计主体 本人	设计主体 他人	典型作品
1993	5/10	VivienneWestwood（1941—）	英国	朋克、浪漫主义	●		
1994	7/8	MimmoRotella（1918—2006）	意大利	战后欧洲艺术、新现实主义、拼贴艺术、复古海报	●		
1995	6/7	Akita Kurosawa（1910—1998）	日本	印象派、表现主义	●		
1996	17/18	Nam June Paik（1932—2006）	韩国	视频艺术，行为艺术，装置艺术、激进派	●		
1997	16/17	Francisco Capdvila Max（1956—）	西班牙	超现实主义	●		
1998	8/8	JoostSwarte（1947—）	荷兰	ligneclaire 风格（自创）	●		
1999	6/7	Marina Sagona（1967—）	意大利-美国	意大利后现代主义	●		
2000	6/9	Julian Opie（1958—）	英国	波普艺术、新英国雕塑运动	●		

年份	艺术家数量/作品数量	典型艺术家	国籍	作品风格	设计主体 本人	设计主体 他人	典型作品
2001	14/18	Pierre et Gilles（Pierre Commoy, 1950 Gilles Blanchard, 1953）	法国	流行文化、当代肖像画	●		
2002	2/6	Richard James North（1948—）	英国	受流行文化影响，利用现代工业物品，如画笔等创作	●		
2003	3/3	Manoel de Oliveira（1908—2015）	葡萄牙	新现实主义运动		■	
2004	4/4	Robert Indiana（1928—2018）	美国	波普艺术、新达达主义、硬边绘画、现代艺术	●		
2005	2/2	Blue Man Group（1987—）	美国	表演艺术	●		
2006	4/5	Dario Brevi（1955）	意大利	未来主义	●		
2007	1/1	Hugo Pratt（1927—1995）	意大利	现实主义		■	
2008	6/27	SandroNegri（1940—2012）	意大利	印象派	●		

年份	艺术家数量/作品数量	典型艺术家	国籍	作品风格	设计主体 本人	设计主体 他人	典型作品
2009	8/19	Billy the Artist（1964—2022）	美国	城市原始流行风格（自创）	●		
2010	6/11	CarriMunden（不详）	英国	新精神主义、未来主义	●		
2011	9/36	Jeremy Scott（1975—）	美国	流行文化、街头风格	●		
2012	10/25	Uma Wang（1973—）	中国	东方风格、禅意	●		
2013	4/6	Mika（1983—）	黎巴嫩	视觉、应用艺术	●		
2014	3/4	Olaf Hajek（1965—）	德国	受到弗里达卡罗、波提切利和20世纪60年代古巴广告海报影响	●		
2015	4/5	Benedicto Reyes Cabrera（1942—）	菲律宾	抗议艺术	●		
2016	6/6	Mika（1983—）	黎巴嫩	视觉、应用艺术	●		

年份	艺术家数量/作品数量	典型艺术家	国籍	作品风格	设计主体 本人	设计主体 他人	典型作品
2017	5/6	Guillermo Mordillo (1932—2019)	阿根廷	幽默、多彩、超现实主义	●		
2018	7/11	Damien Hirst (1965—)	英国	当代艺术、装置艺术	●		
2019	8/13	Joe Tilson (1928—)	英国	波普艺术	●		
2020	3/12	Joanne Tatham & Tom O'sullivan (1971/1967)	英国	挑衅性和疑问性、戏谑风格、欧普艺术	●		
2021	3/16	Vincent Willem van Gogh (1853—1890)	荷兰	后印象派、表现主义		■	

图 9-4 斯沃琪历年合作艺术家情况

小结

斯沃琪的出现是一种历史必然。首先是历史的推动。从15世纪法国贵族伊始，钟表被视作象征尊贵身份的载体，年轻的斯沃琪成为打破这种单一性的重要一员，倡导大众时尚个性生活。其次是科技的推动。科技发展带来的石英表犹如一剂强心针，注入瑞士传统手工机械制表业，动摇了"瑞士制造"一直以来的霸主地位，催生出植根于瑞士品质，但大幅缩减生产成本的斯沃琪，以至于在同名腕表品牌获得成功后，集团以之易名，前后吞并了瑞士、德国及美国总共10多家顶尖钟表品牌。抑或巧合，"以小吃大"的事实在瑞士集团标志所使用的图形上可窥见端倪。

斯沃琪品牌精彩生命的呈现，在内源于产品定位与技术钻研，在外则来自时尚生活观念和可持续的实战策略。与艺术家、艺术机构及团体稳定的深入合作，让每一款产品具有可预见的无限创意和不可预见的面貌形态。融入艺术的斯沃琪品牌，本身也成为艺术品，不断在新时代更换新鲜血液，化身为续写艺术不老神话故事的一部分。

第十章
多元漩涡
育碧

1986 年

动态化是信息技术迅猛发展态势下平面静态标志的必然走向。较之静态标志，动态标志（或称动画标志）增加了时间和空间的维度，能更有效地刺激用户感官，获取更多关

图 10-1　育碧标志应用效果

注，举重若轻地传递出丰富的信息，从而成为影视动画、网络游戏及互联网相关品牌竞相角逐的高光。近年来，育碧在这方面为我们提供了不少值得讨论的案例。

育碧娱乐软件公司（Ubisoft Entertainment S.A）是一家大型跨国游戏开发兼运营的游戏厂商，于1986年由 Guillemot 五兄弟在法国创立（见图10-1）。育碧一直以来注重打造品牌形象，在过去30多年里曾陆续使用4个标志[1]，分别是20世纪80年代的立体字母、90年代的彩虹、21世纪的立体漩涡，以及10年代的平面线条漩涡，基本代表了近几十年来世界平面设计的风格转向（见图10-2）。创意和制作突出的动态 logo 主要出现在第三代和第四代。育碧是如何从

---

1. 育碧30年动画logo大收集 [EB/OL].https://zhuanlan.zhihu.com/p/46078497。

图 10-2　育碧标志变化

"静"到"动",将标志与产品两相融合来凸显其品牌理念的?育碧标志和动画片头设计的历史将带给我们一些启示。

1　从字母到漩涡

育碧娱乐软件公司(Ubisoft Entertainment S.A)简称为"UBI"[2],来自 ubiquitous,意为普遍存在、无处不在的,寄予着公司对其产品未来将无处不在的期许。

虽然命名中透露出品牌的勃勃雄心,但20世纪80年代创办之初的育碧仅有家庭作坊的规模,在法国蒙特勒伊苏布瓦(Montreuil)本地发行电子游戏。从第一代标志便可看出创始人法国五兄弟对其自身形象定位没有丝毫马虎(见图10-3)。标志由"UBI"3个大写立体字母组成,以醒目的黑线描边,形态像一块棱角分明的硬盘,代表了那个年代人们对电子产品的印象,所采用的仰视视角使它看起来似乎有种碑石式的威严。从用户心理角度而言,适当的威严感能带给玩家对游戏真实体验感的期待,但过分严肃又会让人感到难

---

2. "ubi"本身意味拉丁文的"where"。

以接近，因而一种热情、敞开，带有娱乐精神的严肃更符合游戏的本质。育碧深谙其中道理，在色彩上选择了明快的玫红与湖蓝，迎合20世纪80年代主流的电子风。并在字母右下角斜置着手写的单词"soft"，意为软件，大大增强了标志的轻松感和趣味性。

图10-3　育碧初代标志

这一时期字母标志仅有静态形式，使用至1995年，但20多年后，它转变为动态进入游戏片头。2016年，已使用最新版漩涡标志的育碧推出游戏《特技摩托：血龙》，该游戏结合了字母标志时代游戏《特技摩托》和漩涡标志时代游戏《孤岛惊魂：血龙》2个版本。基于这一背景，片头将字母标志"请"回片头，从字母动态标志过渡到被"染上"字母标志色彩的新漩涡标志，并有意制造出视频模糊风格（见图10-4）。内容、元素和风格高度一致的怀旧感，瞬时将玩家带回20世纪80年代。

图10-4　《特技摩托：血龙》片头

第二代彩虹标志的到来处在公司发展关键时期。1994年，育碧创建了自己的游戏制作室，进入自主开发的时代。公司第一位游戏设计师MichelAncel带领团队开发了《雷曼》（*Rayman*），成为当今最著名的游戏之一。次年,《雷曼》发行。随后便开始了标志的变革,一道弯曲的彩虹和纤细的字体组合取代了之前的立体字母。彩虹由红、橙、黄、绿、蓝5个主要颜色从左到右渐变,字体 Ubi Sof 处在向上彩虹正下方,底部有一行浅绿色小字"ENTERTAINMENT"(娱乐),彩虹、文字组成的意象如同一个房屋,带有温馨、稳定的形态和色彩,突出当时育碧以家庭娱乐游戏为主的产品特色(见图10-5)。

图 10-5　育碧第二代彩虹标志

图 10-6　育碧动态化最早尝试

此时,育碧进行了动态化的最早尝试。流传最广的片头动画为20世纪90年代的玩家所熟知:满屏彩虹背景方形渐变光,随着"Ubi Soft"字母以立体形态从屏幕右方飞入画面中心,方形渐变色演变为线性光束,进而聚拢至字母上方形成彩虹。在有限的技术条件下,育碧意图通过渐变色、光束和立体飞入字体等艺术表现手法,营造出强烈的空间纵深感(见图10-6)。

漩涡标志的推出发生在育碧的另一个重要转型期。2003年,在成功收购 Red Storm Entertainment[3] 并创立了全新的《汤姆·克兰

---

3. "Red Storm Entertainment" 是育碧旗下研发工作室,1996年创立,创办人包含英国皇家海军上校 Doug Littlejohns 与美国小说家汤姆·克兰西,他们的目标是将汤姆·克兰西的小说转移到游戏世界中。

西》[4]系列游戏后,育碧正式推出漩涡标志,表明育碧开启了更加成熟多样的运作理念。漩涡标志的内涵、形式等将在下文着重展开论述。

从立体字母到漩涡的形式转变,实际上是育碧品牌内涵转变的一种视觉外化。在创立后的17年间,育碧从一家地方小店拓展到20多家工作室遍布世界,完成了从小规模单一发行商到大规模多元开发商的蜕变。漩涡图形与游戏开启了全面释放的动态演绎时代。

2　漩涡与游戏

据品牌官方描述,漩涡标志创意包括"漩涡"和"O"字母2个要素。漩涡显然是信息传达的重点,字母"O"的来源原本似乎有些牵强,它在品牌名称中并没有任何特殊地位,既非首字母,也非唯一元音。但视觉创意有一种能力,使概念上的内容逻辑臣服于视觉上的形式逻辑。

"O"字母作为标志图形在形式上有其合理性。虽然这个字母并不是单词中的主角,但较之其他字母它的外形最饱满独特,利用这一点,两代漩涡标志字体中的"O"字母都进行了一番特别设计。第一代标志字体整体造型方扁,字母"O"采用3个圆弧角和

---

4. 汤姆·列奥·克兰西(Thomas Leo Clancy Jr., 1947—2013)美国小说家,擅长创作以美苏冷战时期为背景的政治、军事及谍战类惊悚故事,其代表作包括了《细胞分裂》《彩虹六号》《幽灵行动》《全境封锁》等,其中有多部作品曾被改编成电影和游戏。

1个尖角组成，带有明显朝向右上方的方向性，与漩涡方向一致，凸显出它与漩涡的联系性和较之其他字母的特殊性（见图10-7）；第二代"O"字母的处理更有力量，线条并不完美闭合，两端衔接处错位，既与标志漩涡图形最外围线框遥相呼应，又令人联想到手写涂鸦风格，代表着人类无尽的热情与猎奇心（见图10-8）。由此，图形与文字之间的关联形成逻辑自洽，重复的形态大大增强了漩涡作为标志图形在含义上的独特记忆点。

图 10-7 第一代育碧旋涡标志

图 10-8 第二代育碧旋涡标志

漩涡作为通用符号所代表的意象非常明确，在生活中无处不在，符合育碧"ubiquitous"无处不在的理念和构想，以及游戏意欲吸引玩家的商品属性。生活中的物理动态漩涡，小到搅拌中的咖啡和树桩上的年轮，大到江河湖海里的水涡，再至宇宙运动，随处可见。此外，心理上的漩涡也为大众所熟悉，如视觉上的眩晕感、情绪上的陷入感……人们常用漩涡比喻自己陷入某事的心情，如冯骥才在其著作《漩涡里》写道："对于文化遗产保护，我是情不自禁跳进来的，完全没有想到这漩涡会把我猛烈地卷入其中。"漩涡代表一种令人无法自拔的神秘力量。

这种视觉意象与游戏玩家的"代入感"颇为一致。游戏过程中，玩家越是能沉浸在游戏所设定的场景和故事中，就越能"上瘾"。由游戏制造出来的临场感在玩家心理上形成"心理漩涡"[5]，并在不断的刺激中使玩家越陷越深，"漩涡"的转速不断增加，而之后平息这种情绪则需要加倍的时间。漩涡关联着神秘、未知、陷入和危险等意象，图形本身带给人视觉通感，因而放在游戏起先作为片头，契合玩家即将开始一场探索未知神秘世界的冒险心理。

育碧开发的游戏各个系列风格不尽相同，漩涡标志是如何成为"万精油"融入各个系列产品中的呢？漩涡静态标志为何要更新换代，更新后的动态创意随之发生了怎样的改变？

3 静与动的历史规律

首先值得关注的是2003版（以下称"初代版"）和2017版（以下称"更新版"）两代漩涡静态图形之间的差异。乍一看两代标志的漩涡造型似乎一样，但实则大不相同。

初代版漩涡有5层，中间一个圆点，往外2个逐渐扩大的圆环逐层外切，形成2个月亮负形，进而螺旋扩大一圈半而成。其线条分2种粗细变化，依据近大远小原则外粗中细，并以立体阴影效果着色，从而刻画出漩涡空间纵深的视错觉。漩涡内部隐藏着4个规范的正圆，但相切的位置安排巧妙使之可以一笔绘制。标志标准英文字

---

[5] 我们的大脑感受到外界刺激后，也会形成类似漩涡的现象。心理漩涡具有一些特点：一是外界刺激是条件；二是沿着一个方向运动是特点；三是平息需要一定的时间；四是不断的刺激会增强漩涡的运转速度，以致不能自拔。

高宽比例略扁，仿佛有股来自其上漩涡图形的张力，被统率于纵深感整体风格。

更新版漩涡减去了一层保留4层，去除线条粗细变化、立体和阴影的空间效果，并且无法一笔绘制，而是从中间原点按照顺时针向外螺旋运动，并在最外围2圈中间顺势添加一笔，产生月亮负形。线条粗细统一为初代版漩涡中较粗的部分，正负形分布较为均匀，无明显纵深效果，结构更加清晰醒目。同时，图形下方文字采用更为方正的字体，字高较高，与漩涡图形处在同一视觉平面，有着相似的视觉张力。

从初代版到更新版，育碧静态标志风格从立体阴影转向简约扁平，紧跟全球平面设计整体风尚。新代标志采用典型的扁平化设计（flat design），这一概念是相对于拟物化设计而言，它摒弃此前流行多年的高光阴影、渐变、浮雕等视觉效果，通过抽象、简化、符号化的设计表现一种简洁扁平的呈现方式，让界面的整体视觉效果更加统一干练。这种扁平化设计趋势同样清晰地呈现在育碧游戏片头的动态标志上。

下表是选取育碧自2007年以来发行的部分游戏片头进行分析的结果（见图10-9、图10-10）。之所以从2007年开始，而非初代标志投入使用的2003年，原因有二：其一，2003年至2007年间处于旧彩虹标志到漩涡标志的过渡期，此间有不少片头仍在使用旧标志；其二，初期动画制作相对精度较低，不具典型性，讨论意义不大。从2007年开始，漩涡标志的动画定制稳定下来，几乎每个游戏片头都有动画标志。育碧在2007年至2022年间开发的动画多达60多部，在

年份	名称	时长	关键帧数	构成形式			表现技法				空间纵深感			
				点	线	面	材质肌理	实物场景	光影渐变	线性运动	强	中	弱	无
2007	刺客信条 1	8s	7		●	●	●		●			●		
2008	波斯王子 4	9s	4	●				●	●			●		
2010	疯兔：时空旅行	4s	6		●		●	●	●		●			
2011	刺客信条：启示录	5s	4		●		●		●				●	
2013	僵尸 U	7s	7			●	●		●	●				●
2013	看门狗	5s	8	●			●	●	●			●		
2014	飙酷车神	7s	10		●	●	●	●	●	●		●		
2014	刺客信条：大革命	9s	12	●	●	●	●	●	●	●		●		
2014	孤岛惊魂 4	8s	6		●		●	●	●				●	
2015	刺客信条：枭雄（预告片黑色齿轮）	5s	4	●	●		●	●	●	●		●		
2015	刺客信条：枭雄（游戏金色轮）	7s	5	●	●		●	●	●	●		●		
2016	看门狗 2	7s	8		●	●	●	●	●	●		●		

表 10-9　2007-2016 年育碧部分游戏片头分析列表

年份	名称	时长	关键帧数	构成形式			表现技法				空间纵深感			
				点	线	面	材质肌理	实物场景	光影渐变	线性运动	强	中	弱	无
2017	刺客信条：起源	5s	3			●	●							●
2017	马里奥+疯兔：王国之战	3s	4	●	●			●				●		
2017	幽灵行动：荒野	7s	6		●				●					●
2018	刺客信条：叛变	3s	2		●					●				●
2018	孤岛惊魂 5	13s	2			●		●						●
2018	刺客信条：奥德赛	2s	3			●	●							●
2019	幽灵行动：断点	5s	4			●		●						●
2020	刺客信条：英灵殿	4s	2			●		●						●
2020	看门狗：军团	3s	2			●		●						●
2021	孤岛惊魂 6	4s	3			●		●					●	
2021	极限国度	4s	7			●		●						●
2022	彩虹六号：异种	4s	3		●				●					●

表 10-10　2017-2022 年育碧部分游戏片头分析列表

此选择其中的26部热榜上排名靠前的案例进行分析。依照发布的时间序列，通过考察：（1）动画时长；（2）所采用的点、线、面的构成形式；（3）在材质肌理、实物场景、光影渐变、线性运动等4方面的表现手法；（4）是否追求空间纵深感及其强弱效果。通过考察游戏片头内容得知15年里育碧动画标志是否呈现出规律性变化，最终答案是肯定并且显而易见的。

首先，动画时长整体趋势逐渐缩短，关键帧数减少，并在近两年趋于稳定。初代版通常长度主要为5—9秒，关键帧数为4—12帧；更新版的动画长度大多为3—5秒，关键帧数为2—4帧。其中2018年《孤岛惊魂5》虽然时长达13秒，但仅有2个关键帧的画面。2021年后发行的游戏片头基本固定在4秒，此时的设计基本形成一个标准通用模式，下文会展开分析这一模式。其次，构成形式和表现手法越来越纯粹。初代版在点、线、面中使用两种像是杂糅的占半数，同时，近1/2的游戏片头采用材质肌理、实物场景、光影渐变和线性运动等多种手法，其中2016年的《看门狗2》更是三种构成形式和四种表现技法齐聚一堂。在更新版中，仅采用或"线"或"面"的构成形式，基本摒弃了初代版中使用频率非常高的"点"（通常为星空、粉尘、爆裂物等）；表现手法上，近1/2仅仅采用四种常用表现手法中的一种，其中，光影渐变和线性运动在初代版中使用率几近100%，但在更新版中大幅度减少（见图10-11）。

此外，初代版动态标志多表现出强烈的空间纵深感，这种纵深感在更新版动画中几乎消失，代之以更加平面的表现。如何以平面方式表现出漩涡动态，下文将结合案例进行分析。

综上可见，初代版和更新版漩涡标志在静态图形上所发生的变化十分显著，从立体阴影转向扁平化，反映在历年动画标志中，呈现出略有波动但不断简洁化、单纯化的整体趋势。但是，同系列游戏仍然保持着风格的一致性，并非一刀切地转变。这种做法有其合理性，考虑了玩家的接受度。较之静态标志，动态标志增加了空间和时间的维度，往往能给玩家更深刻的印象。标志更新后，如果动画片头也从初代版热闹复杂一朝改为扁平简洁，势必伤害到部分怀旧玩家的情感；然而，随着时代变迁审美观念发生改变，守旧也令人生腻，扁平简约成为不可逆转的大潮流，因而需要的是根据各游戏系列风格进行逐步转变。

那么，具体到案例中，从非扁平化漩涡标志到扁平化漩涡标志，育碧分别有哪些典型的动态创意，经历了怎样的变迁过程？

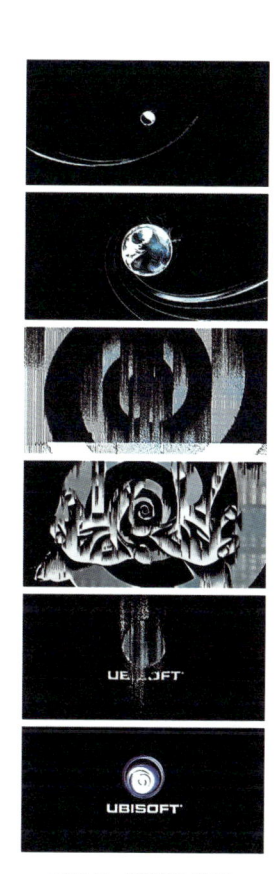

图 10-11 更新版游戏片头

4 动态漩涡的风格演变历程

扁平化设计的元素边界通常干净利落，没有任何羽化、渐变或阴影，不带任何拟物化元素。扁平化标志在应用中的优点在于较高的醒目度，这种棱角分明和高醒目度使它不太易于融入其他场景、插画或文本，需要采用与之相适配的设计手段。因而较之非扁平化标志，扁平化标志对动态场景的要求也大不相同，要求结构更加清晰，层次与图形更加简洁，整体节奏更加明快。如前文分析，较之育碧初代版漩涡标志动画片头，更新版的时长缩短、帧数减少、构成形式和表现技法都更为纯粹，并大幅度减弱甚至完全摒弃空间纵深感。

通过上一节分析可知，从初代版标志到更新版标志，育碧片头动画从早期复杂喧闹到近几年的扁平简约，经历了几个鲜明阶段，虽然根据具体游戏风格的需要偶有反复，但大体趋势坚定明确。通过考察这几个阶段设计形式的具体做法，可知育碧在扁平化风格转型中是如何保持静、动形态及游戏主题之间和谐一致的，以及导致这些形式变化背后的品牌发展方面的原因。

第一阶段：探索期（2003年至2006年），这一时期动态片头主要由抽象形态构成，表现出强烈的纵深感和光影特效，制作较为粗放。内容大多与游戏产品特征无关，而是以漩涡标志为主体，用有强烈纵深感的线条、光圈朝画面中间延伸，直至收拢聚集成育碧标志。

育碧在2003年采用漩涡标志后，开始注重片头动画制作，与公司在这一时期的一些变革有关。在这一年，育碧收购了 Red Storm 并发行 Tom Clancy 署名的系列游戏，并从此开始部署更加多样化和成熟的市场战略，拥有众多畅销品牌和大奖，包括 Tom Clancy's、

Splinter Cell、Prince of Persia、The Sands of Time、Far Cry 等。同时，它在韩国，芬兰，加拿大，瑞士建立了发行部，收购了法国的 Tiwak 制作室，并且游戏销售量突破1亿份。育碧逐渐成为一个为更多人熟知的成功品牌。

2004年至2005年，育碧进军好莱坞并和公司签署了一系列授权协议，包括与环球影城达成协议，开发电影《金刚》的同名游戏；与索尼影视签订了开发第一部基于索尼影视动画公司电脑动画特效的游戏；和 Lucas Arts公司签订了制作《星战前传3：西斯的复仇》掌机游戏的授权协议。2005年至2006年育碧成立20周年时，凭借 Tom Clancys，Ghost Recon Advanced Warfighter 等作品，奠定了基于 Microsoft's Xbox 360平台的视频游戏及娱乐系统的领先地位。在踏入第二个20周年伊始，育碧游戏片头也踏入了风格和技术的成熟期。

第二阶段：成熟期（2007年至2013年），延续探索期的空间纵深感和光影特效，并开始直接从游戏中选取元素制作片头，制作精良，加入许多耐看的细节。如2010年《疯兔：时空旅行》，采用线性纵深的漩涡，游戏中的疯兔被搅入漩涡，逐渐缩小直至消失，在前景画面中有配合氛围制作的闪电特效，并采用色调变化烘托出紧张的氛围（见图10-12）。

2006年至2008年，育碧成为娱乐行业的领军者。2007年，育碧成为全球（除亚洲外）排名第三的独立游戏经销商。在保加利亚、中国、新加坡、印度和乌克兰成立新的工作室；在墨西哥和波兰新建经销分公司。同时，成功收购 Reflections Interactive（英国），

Massive Entertainment（瑞典）及日本的一些开发工作室。2007年发布热作Assassin's Creed[6]，该产品成为美国和英国有史以来最畅销的视频游戏品牌。此间，育碧旗下销售量过百万的游戏作品从10部增长至14部。

第三阶段：转型期（2014年至2016年），充分应用视觉传达设计表现技法，将简化的标志直接代入平面化的游戏物体或场景。这一时期虽然使用的是初代标志，但已经开始摒弃立体阴影，同时有意识地追求更加精炼的视觉动态语言。如在《刺客信条：枭雄2》（2014）中，标志的漩涡状圆环由金属齿轮代替，并处于不断运转当中，在空间中迅速旋转至反面，呈现出育碧的标

图10-12 《疯兔：时空旅行》

志，标志的风格也一改之前的两个蓝色搭配，代之以游戏中的古铜色基调，成为融入游戏的平面符号（见图10-13）。

---

6 《刺客信条》是由育碧蒙特利尔工作室研发的动作冒险类游戏系列，于2007年发行第一部，游戏平台为PS3、PC和PSP等。该游戏系列是以超高的自由度和精美的画面作为最大卖点的动作类游戏。玩家将在每部游戏中控制一名刺客，通过在任务中巧妙穿插重要的历史人物及历史事件带给玩家深沉的代入感。（来自 https://www.ali213.net/zhuanti/ac/ ）

《孤岛惊魂4》有着相似巧妙但风格截然不同的创意（见图10-14）。随着风中扬起的白色粉末聚拢成为育碧标志，光波陡然从标志中间散开，展现出一幅围绕圆形漩涡纹，有着异域风情的尼泊尔地毯，而后一阵风吹来粉尘，地毯影像消失成为黑色背景，只留下静态的育碧标志，前景中零星硝烟般的粉末仍旧朝着地毯消失的方向飘散。粉末细节成为这一时期片头中最为动人的一部分，引人入胜。

2016年，育碧在全球范围开设的工作室达到30多家，离公司最初"无处不在"的理想越来越接近。此时，简约大气风格在回应视觉潮流的同时，也是育碧成为大厂的自信体现。

第四阶段：扁平化定型期（2017年至今）。此时静态标志已更新为扁平化风格，标志图形由纯粹的线条构成，动态标志在第三阶段平面探索成果上继续深入，将帧数精简到2、3帧，追求极简。如《刺客信条起源》（2017）采用古埃及壁画为背景，将漩涡标志置于画面正中作为壁画中的诸多符号中的一个，进而使之

图10-13 《刺客信条：枭雄2》

图10-14 《孤岛惊魂4》

发出金光，隐去壁画，呈现标志（见图10-15）。此外，更为通用的一种片头方法是去除一切背景，纯粹标志的动态呈现（见图10-16）。从画面正中旋转出标志图形，进而像波浪一般荡漾开去，遮挡住字体，并扩大至画外，直至消失。甚至在不少游戏片头中，仅仅使用前两帧，去掉了漩涡图形荡漾开去的最后一帧画面。"旋转出现——荡漾开——消失"或直接以旋转出现的创意在之后成为一个在许多游戏片头出现的模板，仅根据游戏风格改变其色彩、肌理，以纯色或游戏中较为纯粹的场景（如天空）作为背景，并不加入过多其他特效。

图10-15 《刺客信条起源》

从2017年开始，育碧已经不再是最初单一的电子游戏销售商，而是跨足游戏、漫画、电影、电视节目、书籍、游乐设施等多个领域，成为一个多元性集团公司。

图10-16 《彩虹六号异种》

在近20年时间里，育碧游戏片头自始至终都在探索如何将静态标志漩涡图形与游戏主题元素两相融合并转化为动态视觉语言，其间大致经历了探索期、成熟期、转型期和定型期4个阶段。形式上，前两个阶段努力的方向在于追求由游戏元素创造出强烈纵深感的漩涡效果，视觉语言多样杂糅，制作的精细度和形式感在第二个阶段达到顶峰；后两个阶段开始逐渐从复杂元素和多样表现手法中脱离出来，追求风格扁平的、有节制的纵深效果，形成了更新版标志动态的至简模板。越来越凝练的视觉语言，犹如激光，直击在扁平化和符号化的漩涡这一个点上。

小结

育碧从成立至今仅30多年时间，正对应人类的青壮年期，却已经借由逐年发布的游戏产品走过一段相当丰富的品牌视觉探索历程。本章的讨论范围虽仅限于育碧部分动画片头，但见微知著，从它近20年间在漩涡动态视觉上的耕耘不辍，不难看出育碧对游戏哲学的深刻理解和对游戏未来的乐观期许。育碧怀抱着其产品无处不在、如漩涡般吸引玩家的品牌构想，通过动态漩涡图形表达多元包容的品牌理念，并且紧跟时代潮流在几乎所有产品形象中切切践行。育碧从一家法国本土企业逐渐扩展成工作室遍布世界各地的国际性品牌，所包含的产品内容亦从单一发展为多元，但在视觉形象和宣传上，无论静态还是动态，却反向地从复杂逐步转向至简。育碧用年轻的品牌生命之路向我们展示了何谓大道至简。

第十一章
快乐原色
谷歌

1998 年

今天，当世界各地的人们想要检索信息时，大多会很自然地想到"Google一下"。2016年，年仅18岁的谷歌（Google）成为互联网搜索的代名词，Google被作为新词汇编入《韦氏词典》[1]，此后一直稳居世界搜索引擎之首。根据 netmarketshare、statista 和 statcounter 截至2021年2月的统计数据，近些年谷歌全球市场份额在81.5%至92.96%之间。

点开 Google 首页，长条检索输入框上方赫然可见 Google 字体标志，它给人的大体印象是：色彩丰富并充满活力，似乎还带着点儿笑意？总之，它试图让即将踏上检索之旅的用户感到安全、愉悦。不少人注意到 Google 标志上用的几个纯度很高的颜色。由于它的多彩和看似无序，一些人认为 Google 色彩最初是创始人随意给予的，至于后来"不墨守陈规"的色彩释义是为"装点门面"而增补；而另有一些人则认为那几个纯色来自用以区分功用的电缆；还

---

1. "韦伯斯特字典"（*Webster's Dictionary*），在美国被誉为"美国学术和教育之父"的辞典编纂者、拼写改革倡导者诺亚·韦伯斯特（Noah Webster，1758—1843）编写的一系列字典。在美国，韦伯斯特的名字等同于"字典"，以他首版于1828年的现代《韦氏词典》尤为著名。现在《韦伯斯特字典》多指美国梅里厄姆-韦伯斯特公司编写的字典。

有人发现它们可能与积木有关。那么，Google 看似无规律排列的几个高纯度色彩究竟从何而来，有何种含义？它们是否为塑造 Google 品牌文化和价值贡献了一己之力？如果答案是肯定的，那它们又是如何发挥作用的呢？

1 "Google"其名

Google 最初并不叫 Google，在 Google 之前，它有过两个名字。

第一个名字来自1996年夏，23岁的谢尔盖·布林（Sergey Brin，1973—）和拉里·佩奇（Larry Page，1973—）在斯坦福大学宿舍开发的搜索引擎，为其命名"BackRub"（搓背）。这个名字略带幽默，乍一听似乎与互联网毫无关联，但实际上却形象地描述了网站的一个功能，即系统根据回链接搜索网页并排序，就好像来来回回地搓背。这个引擎在斯坦福大学的服务器上运行了1年多后，当布林和佩奇决定创办自己的公司时，"BackRub"显得学生气过重并且不够严肃。于是，他们决定换一个正式些的名字。

出于自身兴趣和对互联网检索的理解，两位创始人在数学术语中找到"Googol"一词。当时，布林和佩奇都在斯坦福大学计算机专业攻读博士学位。其中布林拥有数学和计算机专业双学士学位，从小就崭露出很强的数学天赋。两人的父亲分别是数学和计算机教授，加之数学是计算机算法的基础，他们在数学观念上颇易达成一致。"Googol"（译为估勾儿）指的是数字1后挂100个0，是一个比已知宇宙里所有原子总和还大的数，1938年由美国数学家爱德华·卡斯纳（Edward Kasner）9岁的侄子米尔顿·西罗蒂（Milton Sirotta）所创，被卡斯纳记录在著作《数学与想象》中。两位年轻人认为这个词非常精准地表达了公司将以网络组织无边无际的信息资源的决心[2]。

然而，一个偶然事件促使"Google"取代"Googol"开启了之后的互联网世界传奇之旅。在"Googol"尚未注册之前，布林和佩奇很幸运地找到一位风险投资人愿意投资，可是这位投资人并不认识"Googol"一词，开支票时将之误写为Google。为了避免重新修改支票可能带来的风险，布林和佩奇决定干脆将名字改为Google进行注册。

实际上，尽管Google一词原本并不存在，但拼写上却比Googol给人感觉更为亲切。以"ol"作为辅音字母后缀的单词并不常见，主要为名词，其中使用相对频繁的如"symbol"；而"le"则是一个既可以作为名词，又可以作为动词的常用后缀。作为名词，指带有某种功用的器物或某行为产生的结果，如handle（把手）、stopple（塞子）；作为动词，"le"通常表示反复或连续进行的行为动作，如twinkle（闪耀），jingle（作叮当响）。不管是名词还是动词，"le"结尾的单词都更日常和生动，使用频率更高。由此，Googol误被拼写为Google似乎在情理之中。最终，Googol词尾改为le生产出一个原本不存在的单词Google，其词根具有两方面含义：既契合搜索引擎的主题，代表一个可以不断检索网络世界无边无际信息

---

2. 谷歌官网，从车库到谷歌山景城总部[EB/OL].https://about.google/our-story/。

的超级工具，同时，较之 ol，le 的后缀使它的属性倾向于某个随手可得的日常工具，因而具有更强的亲和力。

Google 的名字就这样诞生了。18年后，它加入韦氏字典成为一个新词汇。

2　色彩逻辑的厘清

BackRub 虽然仅仅运行了一年多时间，布林和佩奇却自己动手为它制作了个标志。标志以一幅佩奇正在搓背的左手的黑白摄影为背景，其上叠加红色字体 BackRub（见图11-1）。这个标志风格比较严肃，色彩搭配和字体选择使它看起来更像一幅政治或公益海报，似乎意图与 BackRub 幽默含义形成反差，带些许校园流行的冷幽默意味。标志的用色显然意图通过醒目的红色凸显引擎名称。

红色同样延续为 Google 第一代标志的主色，并且蓝、绿、黄此时已开始使用（见图11-2）。标志中字母为立体积木状，以仰视视角或左或右倾斜"飘浮"着，红色用在首尾字母上，同时作为所有字母的立面。字体短粗，几乎所有字母形成的负形都被红色立面所覆盖。这个标志由布林在1997年使用自由软件 GIMP[3] 设计。在计算机刚普及的20世纪末，大家对软件制作的立体空间标志还有些许新鲜感。

---

3. GIMP 是一个自由及开放原始码的点阵图图像编辑器，用于图像照片润饰及编辑、自由绘图、调整大小、裁剪、相片蒙太奇、转换图像格式以及其他专业任务。

1998年公司正式注册，标志也进行了更专业而正式的探索。从1998年9月至10月，Google 曾短暂地使用过一个以绿色G开头的标志（见图11-3）。字体选择更为精干标准的有衬线 Georgia，在它基础上进行调整。Georgia 是著名字型设计师马修·卡特（Matthew Carter）于1993年为微软所设计的作品，具有十分优良的可读性，被微软列入网页核心字形。Google 的几个字母以较大的等间距端端正正地摆放着，此前飘浮的积木块状字母风格改为浅浮雕。颜色每个字母各用一套，以绿、红、黄、蓝、绿、红排序，绿色和红色分别重复使用一次。主色的色相来自第一代标志，采用带阴影的浅浮雕代替上一代标志的积木效果。

图 11-1　BackRub 标志

图 11-2　Google 初代标志

图 11-3　Google 二代标志

　　以上初代和二代标志奠定了后来标志的几套基本用色，但色彩顺序尚处在探索中，并无特定规律，在视觉流程上没能产生有效引导。譬如，初代标志原本意图使用色彩中最醒目的红色作为主色，但由于缺乏对对比色的应用认知而失败。红绿对比是反差最强烈的互补色，这使得 Google 中间的绿色 g 成为最醒目的字母，而非首字母 G，其次是黄色 l，醒目度最弱的字母反而是首字母 G 和最后的字母 e。或许意识到绿色的醒目度，第二代标志将首字母 G 改为绿色，并且在邻近字母上使用反差最大的红色。由于去除了立面的红色，在白色底色的衬托下，红和蓝色的醒目度接近绿色，Go 和 le 两组字母跳入观者视线。在视觉引导的和理性上，它较之初代标志的色彩有了一定进步。

图 11-4　Google 四套色字母应用次序确立

不久，标志进行了新一轮修改，公司官方常将这款标志认定为早期主要标志，它首次确立了四套色在字母上的应用次序（见图11-4）。与上一代标志相比，字体和间距未变，调整的内容除色彩次序外，还有感叹号和阴影的加入。阴影与字母保持一定的空间距离，落在背后的白背景上，使它不再是一个贴着背景的浅浮雕，而是与初代标志相似成为一组三维立体字母。感叹号则是模仿当时互联网界龙头老大雅虎[4]的标志。与其说是向雅虎致敬，不如说反映出 Google 对人们都来使用它无比热切的企盼。

字母的色彩顺序是唯一延续至今的重要元素。它们依次为 G（蓝）o（红）o（黄）g（蓝）l（绿）e（红）！（蓝）。蓝色成为首字母的颜色，并在第二个 g 字母和感叹号上重复使用。蓝色代替红色和绿色成为 Google 标志的新主色。使用蓝色的大写 G、小写 g 和感叹号，将 Google 分隔为 Goo/gle/！三部分，正好符合 Goo-gle 的构词和发音规律，至此，Google 名称的发音和视觉才成为一个有机的整体。从这套色彩次序在后来的持续使用来看，对色彩次序的探索是公司有意识的行为。

---

4. 2017年6月，美国电信公司威瑞森（Verizon）以44.8亿美元贱价收购雅虎旗下核心网络事业。许多学者和商界人士将雅虎的失势归因于品牌文化的缺失。

3 明亮的微笑

1999年，布林和佩奇特地邀请当时在斯坦福大学任客座教授的设计师露丝·基达（Ruth Kedar，1999）设计标志，以此为分界线，标志从形式审美上进入到一个新阶段（见图11-5）。

图11-5 1999年Google标志

正如开篇所提，今天的Google标志"带点儿笑意"便开始于这一代。还是最初的6个字母和几套色彩，它是如何做到看起来令人有种欢乐明亮感受的呢？内里有两个玄机：一为形态，二是色彩。

首先就形态而言，字体改为形态与之前迥异的Catull。Catull字体是1982年由字体设计师古斯塔夫·积格（Gustav Jaeger）为贝特霍尔德字型铸造公司（英语：Berthold Type Foundry）所设计的旧式衬线体字型。它的风格与20世纪40年代的经典字体帕拉提诺体（Palatino）非常相似，是基于文艺复兴的人文主义字体，粗细变化带有羽毛笔书写特点，富于运笔的韵律美，具有独特的优雅气息。并且，Catull字体中o和e字母带有古典书写略微向左倾斜的特点，使字母看起来灵动活泼，特别是倾斜后的e字母，仿佛一个微笑的嘴角。此外，字母的灰色投影形态得以聚拢，因而显得更加干练明亮[5]。

色彩是让标志产生喜悦表情的另一个关键。虽然仍然是四套

---

[5] 露丝·基达2019年谈到为何选择Catull字体：当我看到Catull字体时，真的非常喜欢那些优雅的词干、漂亮的笔画转折，还有精确的衬线，我想要的就是这种前所未见的感觉。设计Google标志 – 露丝·基达访谈：https://logogeek.uk/podcast/ruth-kedar/，2019年。

高纯度原色，色彩顺序依旧，但是字母的上色方式却发生了极大改变。旧标志的立体形态为平面整体凸起，所受光源设计为从正前方而来；经露丝·基达重新设计后，立体形态为柔和的圆弧凸起，光源从左上方更为集中地照射过来，将高光处理得更亮衬以更暗的阴影，大大强化明暗对比，使 Catull 字体优雅的轮廓充满活力。此外，蓝红黄绿的色相本身也发生了不小的改变。黄色和绿色调整为偏暖且明度稍低的中黄和海绿，如此，四套原本在旧标志中冷暖差异过大的色彩得以和谐，给人视觉感受更为统一。

露丝·基达的这番设计加入了平面设计师对字体和色彩搭配的理解[6]，然而布林和佩奇所提供的前几代方案有它们的积极意义。创始人对自己的事业有着细致精准的理解，googol 一词代表的无限，美术中红黄蓝和光学中红绿蓝所代表的三原色，品牌所期望表达的从最初到无限，都从名称和色彩中得以表达。正如佩奇所说："年少时，第一次考虑到自己的未来时，我决心要么当个教授，要么就创建自己的公司。我觉得，这两种职业都可以给我足够的自主权，让我自由地从基本物理原则出发思考问题，而不必去迎合那些所谓的'世俗智慧'。"从这个思路出发，三原色的选择是从基本物理原则出发而结出的一颗小果实。

这个标志使用了10年，直到2010年和2013年，在扁平化风格流行

---

6. 露丝·基达认为原色和计算机具有高度的相似性，原色是最基本的色彩，通过不断地叠加可以产生无限的色彩。计算机也是从基本的算法开始，通过不断地迭代，发展出完整的生态。设计 Google 标志 - 露丝·基达访谈：https://logogeek.uk/podcast/ruth-kedar/，2019年。

的驱使下分别进行了2次微调。2010年，去除了文字下方的投影（见图11-6）。2013年，将此前色彩的立体填充修改为平面填充，G字母做了局部微调，底部上抬，弯钩提高到 o 字母的中部对齐，将原字母最细处修改得更细；色彩取立体填色中的高光色，即受光面最亮的色彩，并进行适当调整，如绿色纯度改得更低，使得整体视觉更加明亮和谐（见图11-7）。

图11-6 2010年 Google 标志

图11-7 2013年 Google 标志

图11-8 2015年 Google 标志

因而，就 Google 标志的创意内容与视觉形式两方面而言，两位创始人出于对自身所创事业的理解提供了创意内容，经与设计师沟通后，设计师为其提供了更恰当的视觉形式，即优雅活泼的字体和明亮活力的色彩。内容与形式由此达成一致，公司以在美学上几乎无可挑剔的四色搭配为自己代言，网民也从对比强烈却不失和谐的原色中感受到安全和愉悦。

4　生长的色彩

与开创初期频繁修改标志不同，1999年版及其后2次微调的标志使用了整整16年，这对一日千里的互联网发展速度来说已实属难得。然而2015年，为纪念公司重组 Google 发布新标志时，仍然激起无数推文与文章或支持或反对重新设计。在质疑声中 Google 推出了一套全新设计（见图11-8）。

事实上，新版 logo 有着更为实用的目的，除了展示于搜索引擎首页外，它还需要出现在一些基于互联网的产品与服务中，包括云硬盘、Gmail、Google 文档、GooglePay、智能手机、汽车及其他智能穿戴设备等，因而有必要改头换面扩大其使用范围，以适应于不同尺寸、不同环境色和不同材质等方面的需要[7]。

形态上，采用公司专门为自己定制的 Product Sans 几何无衬线字体。从笔画较细的有衬线改为笔画较粗的无衬线，从粗细变化明显的羽毛笔手写风格改为粗细大体不变的几何线条，并且原椭圆形字母一律改为正圆。末尾 e 的设计保留了向左倾斜的手写风格，因而仍然有种微笑的意味。色彩沿袭了旧标志的色相，但在色彩成分上进行了精致的微调，提高了明度。整体而言，新标志摒弃了一切不必要的细节变化、结构更加简洁清晰，色彩更加单纯明亮，正负形比例较之前更为均衡，适用性得到大幅度提升。

品牌形象工作有两个永恒的主题：一是保持统一，代表品牌值得信赖的方面；二是追求丰富，代表品牌的独特魅力和创新活力。基于这两点，Google 以标志形态和色彩作为品牌形象出发点，严谨大胆地拓展了一系列衍生形象，其中最具特色的是"彩虹G"和谷歌点。

"彩虹G"是直接从原始标志衍生而来，专门用于一些屏幕较小的智能设备，以及需要与其他元素共享空间的小尺寸环境中（见

---

7. Google 官网, Evolving the Google Identity:A new brand identity makes Google more accessible and useful to our users[EB/OL]. https://design.google/library/evolving-google-identity/,2015。

图11-9）[8]。色彩面积比例遵循原标志字母，并按蓝、绿、黄、红的邻近色色环顺序排列，以引导视觉在字体周围移动。

谷歌点是在 Google 原标志、"彩虹G"和其他 Google 图标中间过渡并持续运动的一个形态，也在用户键入文字或语音信息时给予动态反馈，包括倾听、用户语音、思考、回答、确认等不同状态（见图11-10）。它们遵循一组预设曲线进行富于规律和节奏的圆弧移动，变身为各样标志和图标，被赋予调皮机灵、富于创造力的个性，使观者产生愉悦的视觉和心理感受。

其他周边应用也全部进行了一体化的重新设计（见图11-11）。从几何化的标志图形和色彩出发，G Mail、G Drive、G Docs、G Meet、G Calendar 等应用都做了更新。对比旧图标可见，新形象与标志在结构和色彩上的联结更加紧密，所有图标线条粗细一致，色彩分配比例按照特定标准，每一个图标都采

图11-9　"彩虹G"

图11-10　谷歌点

图11-11　Google 周边应用

---

8. Google's look, evolved [EB/OL].https://blog.google/technology/design/google-update/, 2015.

用半透明四色叠加。可见，Google 品牌的新色彩计划犹如一股生命源，从里到外、从标志到其他，不断渗透到品牌每一处可见的角落。

5 扎根与蔓延

Google 从第一个标志开始就确认了红黄蓝绿四色，此后的大变革通常都发生在字体上，色彩仅仅微调却从未更替。四色来自美术和光学的两个三原色的结合，正如美术中红黄蓝三原色能调和出一切其他色彩，光学中红绿蓝三原色通过增减可得到其他可见色，它们都是万千色彩的源头和色域的基石，而对它们的选择契合创始人佩奇从基本物理原则出发思考问题的初衷。因此，Google 在色彩系统上的执着，有着理性思考的因素，是扎根于企业文化中而生。

但同时四色也有其感性原因。1999版标志设计师露丝·基达在2008年接受采访时回忆道，谷歌成立时主要是为大学生提供服务。当时其他人仍在使用百科全书和印刷物作为参考资料，大多数人们害怕使用互联网，人们担心按下鼠标按钮会不会引发电脑爆炸。这种害怕心理让基达联想到冒险、好奇和乐趣同时存在的游戏概念。同时，她留意到谷歌的小办公室到处都是熔岩灯和乐高积木，非常多的原色。从色彩心理学角度，原色作为孩童的初识颜色，本身让用户感受到童真，感到单纯而不再有威胁性。

的确，布林和佩奇都非常喜爱乐高，谷歌的第一台服务器外壳就是由乐高拼装而成。这就是为什么许多人简单地将 Google 色彩归因于乐高，然而，这只能印证创始人的部分性格和喜好，色彩系统作为一个品牌的严肃主题，实际情况要复杂许多。由创始人提供原色创意和次序逻辑，再经设计师将四色色值调整到最合宜的状态，包括内容上准确体现游戏精神、反映企业文化[9]，视觉形式上既有对比又和谐统一。

值得追问的是：原色存在于无数品牌产品和生活物品中，Google 色彩如何获取其专属性和独特性？要知道，它们并非简单的四色，正如前文所提对它们排列顺序的探索一样，四色色值是专门针对品牌期望传递的企业文化、给用户的心理感受和 Google 字母特定组合而量身定制。

对照四色的 RGB 和 CMYK 色值可以破解其中的奥妙（见图11-12）。四色一律加入了极少量的黑，使它们看起来较为沉稳。蓝色中除了主要蓝色成分外，还含有不小比例的品红，因此颜色偏暖，用以与红色和谐；红色中含有黄的比例超过红，使它低调而不过分炙热突兀，与

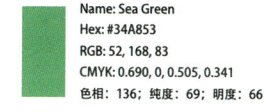

Name: Blueberry
Hex: #4285F4
RGB: 66, 133, 244
CMYK: 0.729, 0.454, 0, 0.043
色相：217；纯度：73；明度：96

Name: Cinnabar
Hex: #EA4335
RGB: 234, 67, 53
CMYK: 0, 0.713, 0.773, 0.082
色相：5；纯度：77；明度：92

Name: Selective Yellow
Hex: #FBBC05
RGB: 251, 188, 5
CMYK: 0, 0.250, 0.980, 0.015
色相：45；纯度：98；明度：98

Name: Sea Green
Hex: #34A853
RGB: 52, 168, 83
CMYK: 0.690, 0, 0.505, 0.341
色相：136；纯度：69；明度：66

图11-12 Google 四色色值

---

9. 露丝·基达接受采访时说道："我们最终选择了原色，但我们没有让字母按原色的顺序排列，而是在 L 上放了一种辅助色，这让人想起谷歌不遵守规则的理念。"谷歌标志的设计和演变：品牌化的幕后：https://codeboxr.com/design-and-evolution-of-google-logo-behind-the-scene-of-branding/，2012年。

其他三套色保持一致；黄色加入了一定量的红色，使之亮度降低暖度提升；绿色主要由蓝和黄调和，蓝色略多于黄，黑色是蓝色的一半，使它成为沉稳的海绿色。纯度上，除了黄色达到98以外，其他几个看似纯度很高的色彩实际上在69—77之间。明度一律较高，蓝绿黄都在90以上，只有绿色降低到66。因此，为了让四色传递出恰当的视觉信息，设计组对它们的成分进行精心论证和尝试，直至它们既给人感觉仍然是纯粹的原色，同时又在各种使用条件下达到视觉的至上和谐。因此事实上，它们早已不是原色本身，而仅仅是原色的概念。

Google 为确认色彩系统付出过巨大努力。它们曾成立专业的调查小组来判断"哪种颜色最受用户欢迎"，最后答案是蓝色。但他们并未止步于此。曾任行销总监的丹·科布利（Dan Cobley）表示：它们分别在 gmail 和搜索引擎上发布相同的广告，结果 gmail 广告点击表现较好，原因在于两者广告标题"蓝色阴影不同"。于是，他们在41种色调中进行测试，最后发现，略带紫色调的蓝色最容易刺激使用者点击广告。因此，Google 在2013年将搜索结果的标题使用了这一蓝色，最后盈利增加2亿美元。虽然很多人曾嘲笑 Google 对"41种蓝色阴影"的执着，但没人可以否认它带来的巨大益处。

色彩系统不仅蔓延到对外形象，也渗透到企业内部最私密的部分。Google 曾公布出数据中心的照片，作为世上最强大的服务器网络，它们的管道色彩缤纷，用颜色属性来进行管理，极大地减少了能源浪费和维护中的技术成本，成为绿色环保的典范（见图11-13）。

优秀的品牌形象总是表里如一。Google 提出的企业理念与原色

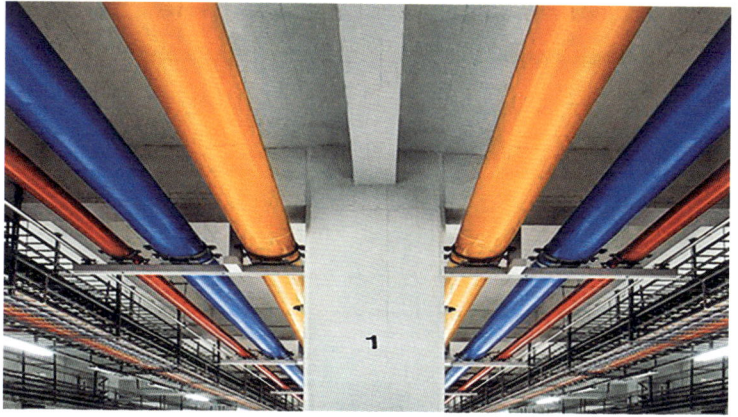

图 11-13 Google 管道色彩

的特性高度一致。谷歌公司网站上曾列明其十大信条，其中以"不作恶"为企业座右铭和核心价值观，它最早于1999年到2001年时由谷歌的员工提出，2004年被写入首次公开募股的招股书。"不作恶"简单直白的表述，易于理解的内涵，一如那能代表童真的快乐原色。

　　从原色出发的色彩系统具有极强的包容性，这是为何 Google

Doodle[10]（谷歌涂鸦）能够一直延续并与品牌视觉毫无违和感的主要原因之一。

小结

红、黄、蓝、绿是孩童初识色彩时辨识的基本颜色，它们的组合充满童真，单纯直率。但"童真"和"直率"恐怕难以涵盖一家大型互联网公司所应承担的社会责任，还需同时具备沉稳安定的特质，Google 品牌色彩计划便是在这两者之间寻求平衡。为这种平衡所做的努力通过一系列视觉设计得以显露，包括编排 Google 字母色彩次序和比例以合理地引导阅读、持续追求能使四色和谐的精准色值，以及在旗下其他产品色彩拓展中以形式高度统一性为前提，竭力追求多样性。尽管品牌最初的标志似乎还未完全准备好就"匆匆上路"，但却以快门的方式记录下了开创者的初心，这种清晰的定位为后来专业设计的涉入提供了至关重要的创意内容。一切背后的工作使 Google 品牌形象看起来充满活力，给用户以愉悦的体验。

正如2006年 Google 来到中国时被译作"谷歌"，"以谷为歌，收获的喜悦"，Google 的品牌色彩，也如同一首以原色谱写的歌曲，快乐灵动，有着无限拓展的可能。

---

10. Google 涂鸦（Google Doodle）是为庆祝节日、纪念日、成就以及纪念杰出人物等而对 Google 首页商标的一种特殊的临时变更。Google 的第一个涂鸦是在1998年为火人祭活动设计的。最早的两个徽标由拉里·佩奇和谢尔盖·布尔亲自设计。此后 Google 的节日涂鸦都采用设计外包模式。

第十二章 后来居上

农夫山泉 VS 怡宝

华润怡宝和农夫山泉是中国两大知名饮用水品牌，它们曾轮番占据饮水行业龙头老大的位置。据观研天下报告显示，2015年以前，中国六大饮用水品牌（农夫山泉、怡宝、康师傅、娃哈哈、可口可乐、景田）的市场占有率中，怡宝一直稳居第一。到2017年，农夫山泉以微弱优势首超怡宝（25%．22.4%）。此后几年两者市场占有率差距逐渐拉大，截至2021年，农夫山泉和怡宝分别为26.5%和21.3%。

农夫山泉可谓后来者居上。怡宝的前身中国龙环饮料有限公司成立于1984年，4年后注册了商标"C'estbon"，1990年推出标准规格包装的蒸馏水，是中国最早专业化生产和销售包装饮用水的企业。农夫山泉成立时间晚于怡宝12年，前身名为浙江千岛湖养生堂饮用水有限公司。作为一个"后来者"，农夫山泉何以在成立10年后赶超怡宝，占得中国饮用水品牌鳌头？本章将从两个品牌视觉相关策略差异入手，由表及里地探究一二。

1 时代产物：命名与标志

怡宝与农夫山泉的命名带着它们各自所属的时代烙印，这一定程度上影响了两者后来品牌形象的定位和发展路线。

（一）品牌名的"外来"与"本土"

"怡宝"音译自法语"C`estbon"（意为"美好"），但是20世纪80年代诞生在深圳的怡宝，与法国文化并无直接联系。那时中国刚迈入改革开放，企业如同久旱逢甘露般蓬勃生长起来，敞开怀抱拥抱西方文化。同一时期受西方影响命名的知名品牌，还有亚细亚（英文 Asia 的英译）、海尔、金利来和 TCL 等。海尔公司委托制作的动画片《海尔兄弟》中的弟弟海尔便来自德国。海尔兄弟动画形象帮助品牌成功在中国消费者心里扎根，但是今天仍有不少人困惑于《海尔兄弟》产自哪国。同样，"怡宝"究竟是中国还是外国品牌，消费者亦不能清楚分辨。

"农夫山泉"有着毫无疑问的中国风格，品牌名极易令消费者达成形象认知上的共识。"农夫"是务农者，"山泉"为自然景观，由词语构建出的画面给人以真诚、质朴的通感，引发消费者关于产品有关天然、安全的想象。品牌的对应英文品名采用"NONGFU SPRING"——"农夫"拼音和"山泉"英文的组合。这种组合从翻译角度看并不符合规范，"农夫"原本有直接可对应的单词"Farmer"，却放弃英文采纳拼音"NONGFU"，透露出品牌执着于中国自身文化表达的态度。

农夫山泉品牌创立者钟睒睒（1954—）有着强烈的人文情怀和超强的讲故事能力，这或许部分得益于他的记者从业经历。农夫山泉前身"浙江千岛湖养生堂饮用水有限公司"与当时其他包括怡宝、康师傅、娃哈哈等老饮用水品牌一样都是纯净水，但4年后，这些品牌宣布放弃所有纯净水业务，全面转产天然水，至今开发了千岛湖、长白山、武陵山、峨眉山、大兴安岭等中国境内几乎全部大好河山的水源。在采用天然水的第二年，即2001年，迎来了"农夫山泉"的更名，内涵与外延获得统一。天然泉水的内涵继续往外扩展，蔓延至标志形象。

（二）标志符号的"中"与"西"

怡宝和农夫山泉的标志形象都忠实地反映了它们的名称内涵。怡宝最初并

图12-1 怡宝新旧形象

无规范化的标志，早期瓶身上的名称字样传递出手写体放松随意的风格。21世纪后规范的怡宝标志，以绿色波浪曲形面表现水的美好特征，面的长宽比适合于法文"C`estbon"，字体延续早期向右倾斜的手写风格，但笔画修改得更加精简、紧凑。中文名称"怡宝"，与英文一样使用当代手写斜体风格，并且直接挪用法文下的绿色波浪底面以保持中外文统一，但因为底面形态并非为其量身打造，正负形态上有欠和谐（图12-1）。

农夫山泉的标志概念成熟于2010年，此前农夫山泉并没有严格意义上的标志。早先使用的瓶贴上已经初具后来标志的所有要素。

千岛湖山水、宋体农夫山泉、红色、对应拼音和英文字母等。绿色山水图画,是对"山泉"一词的最直接表达。在后来的山水标志中,写实摄影的山水被绘制为矢量图绘制的木刻山水,山体被简化为三座"山"字形态的对称式图形,色彩简化为深绿、中绿和淡绿三色,右侧上方一大一小两只飞鸟,之前的字体也删去了右侧的线条装饰。可以说,农夫山泉从瓶贴到标志,是对写实内容的符号转译(图12-2)。

图12-2 农夫山泉新旧形象

品牌字体采用宋体,与名称的质朴风格一致。宋体起源于宋代,通用于明代,"宋体"其名规范于清代,由于缺少书法上的艺术变化,被明代文人诟为"匠体字"[1]。宋体本身具有朴拙真诚的特点,品牌定制字体加粗了竖画,大大强化了宋体笔画特征,使其更显敦厚。标志的图与字虽做上下编排,却呈现出文字在前、风景在后的空间纵深感。图与字中间适当留白的"水"空间,使得红绿搭配也看来和谐。

改革开放浪潮下的怡宝和世纪之交的农夫山泉,两个不同时代

---

1. 内木一郎:《宋体非宋(页面存档备份,存于互联网档案馆)》,刊于"Justfont Blog",2013年9月17日。康熙十二年(1673),敕廷臣补刊经庵《文献通考》的序文中,规定:"此后刻书,凡方体称宋体字,楷书均称软字。"

诞生的企业对中国本土文化的自信程度反映在命名中，也彰显在标志上。

2 脉搏与血液：产品更新与命名

两个品牌各自旗下均有拓展子品牌，但在开发频率和数量上差距显著。根据1990年至2019年20年间新产品开发的时间线，可以明显看出这种差距（图12-3）。

农夫山泉旗下产品推新频率高且类型多样。仅列举最知名的产品，1997年农夫山泉第一次推出天然水；2003年开发"尖叫"系列和"农夫果园"系列；随后2008年推出"水溶100"系列；2011年新推出"维他命水"系列和"东方树叶"系列；之后从2014年到2017年这4年间，农夫山泉每年向市场推出一到三类新饮品，分别为"打奶茶"系列、高端水系列、"茶兀"系列、"NFC"[2]系列、"17.5°"、长白山系列饮用水和"果味水"，并更新原有产品"维他命水"系列包装；2019年，推出炭仌（同"冰"发音）和茶兀（音同"派"）新包装，更新"尖叫"系列包装；2021年和2022年，新开发"苏打气泡水"，并再次更新"尖叫"包装；2022年，

---

2. 农夫山泉在2016年解决了NFC风味和常温无法存储的世界难题，推出了常温100%NFC果汁系列。NFC是英文Not From Concentrated 的缩写，中文称为"非浓缩还原汁"，是将新鲜原果清洗后压榨出果汁，经瞬间杀菌后直接灌装（不经过浓缩及复原），完全保留了水果原有的新鲜风味。NFC果汁的灌装分冷灌装、热灌装。冷灌装更利于保存原果汁的营养成分与口味，热灌装更利于果汁的保存时效性。

农夫山泉 NONGFU SPRING		天然水	农夫果园	尖叫	水溶C100	维他命水 东方树叶
1990	1997	2003	2004	2008	2011	

怡寶	蒸馏水		火咖		魔力

打奶茶	高端水系列	茶π NFC 17.5°	维他命水新包装 长白山系列饮用水 果味水		茶炙 茶π新包装	苏打气泡水 尖叫新包装	汽茶
2014	2015	2016	2017	2018	2019	2021	2022
午后奶茶				小主菌 蜜水柠檬	佐味茶事 葡萄假日	轻愉水果水 至本清润	

图 12-3　农夫山泉与怡宝新推产品时间线

新推出"气茶"。尽管高端水和长白山系列饮用水与此前其他饮用水在口感上并无太大差别,但品牌仍乐此不疲地以全新包装来细分饮用水的种类。此外,老产品换新包装的间隔时间分别为"维他命水"6年换新一次、"茶π"系列的2年换新一次,以及"尖叫"系列分别间隔15年和2年的两次更新,2年后第二次。可见,农夫山泉针对市场反响较好的老产品,不断提高更换新包装的频率,包装形象紧跟时代风尚。

农夫山泉在新产品的命名上表意明确且分类清晰,表现出强烈的"品牌"和"符号"意识。自从2003年推出"农夫果园"的"农夫"系列后,之后的命名完全摆脱农夫山泉饮用水质朴憨厚的品牌基调束缚,全面进入脑洞大开的创新新纪元,每一个新产品名称都响应并引领中国本土不同时期的流行风尚。如令人感到充满活力的"尖叫"、充满神秘意味的"东方树叶"、以数学符号为名称的"茶π",以及使用汉语生僻字的"碳仌"等,简洁地从能量、知识、国风等不同角度引导消费者关于饮品味道的想象,极为符合年轻消费群体的猎奇心理。

怡宝的推新速度和数量较农夫山泉少了几乎一半。自1990年推出第一款饮用水;2004年推出新品"火咖"系列;此后分别在2011年和2014年推出"魔力"系列和"午后奶茶"系列;2018年后增强了上新力度,分别在2018年和2019年新推"小主菌"系列、"蜜水柠檬"系列、"佐味茶事"系列和"葡萄/蜜桃假日";2021年推出"轻悏水果水"和"至本清润"单品。

怡宝旗下产品的命名存在三类显著缺陷。首先,其中一些稍显老派，如"魔力""午后奶茶"和"XX假日"；其次是缺乏对口感想象的引导，如"小主菌""佐味茶事"，传递的信息含糊隐晦，不容易引发消费者关于口感的想象；最后是一些带有口感想象的品名却会提供一些并不合宜的暗示，如"蜜水柠檬"和"葡萄/蜜桃假日"易让人联想到含糖分高、口感甜腻的不健康饮料。相比之下，农夫山泉同样是果汁的"NFC"则明确了健康饮品的定位。"轻愜水果水"和"至本清润"的口感引导则走向另一个极端，带些口味寡淡的暗示（实际产品未必如此），"至本清润"甚至会有些像草本类的药品或护肤品。此外，"轻愜"作为新造词，或许源于"轻松惬意"，新而不"新"，与"亲切"音似，但"qing""qin"发音，对原本就难于区分前后鼻韵母的南方人来说，更具迷惑性。

　　品名是品牌得以传播的重要途径，从消费者角度来说需要容易上口、记忆和转述，更高一层要求，是能够符合或显明消费者对包括年龄、身份、价值观、文化观念等在内的自我认知。诸如"尖叫""东方树叶""茶兀""碳仌"等品名，发音铿锵有力，词意中透露出来自身体或精神的积极能量，对年轻潜在消费群体来说无疑更容易在自我表达上获得认同。

　　产品更新的时间和频率，表明品牌是否走在时代的前端，是品牌的脉搏；产品的命名，则表明品牌是否提炼出新时代的文化趣味，是品牌的血液。正是这两者，首先构建出品牌的生命活力，以之为根基拓展品牌的其他要素。

3　基因外化：产品包装形象

消费者大多数通过货架上陈列的包装来认识产品。在第一次"会面"中，消费者可能关注到的包装主要要素包括：（1）色彩；（2）瓶体造型；（3）图形与文字构成的品名设计；（4）规格和其他信息。这个排序依照的是人们通常观察事物由远及近的过程。意即，看到产品人们最先辨识的是色彩，其次是瓶体造型和品牌名，最后是需要近观的产品细节说明。农夫山泉和怡宝各自旗下产品包装，反映出两者迥异的形象策划观念，前者整体优于后者。

从两个品牌共有的基础款饮用水、茶、果汁、运动饮料、奶茶和咖啡中各选出一到两款产品，通过按比例提取包装色彩、勾勒瓶体造型剪影和估算透明区域比例，最终获得一些颇有价值的分析结果（图12-4）：

图12-4　产品造型、色彩、透明区域比例对比

其一，农夫山泉针对不同产品特性进行了理性且富于逻辑的色彩规划。基础款和茶饮类的用色量最多，符合它大众定位的亲和属性；"东方树叶"由于使用了插画，色彩看似多样，但主色为大面积浅色，其他色彩面积相对较少，因而整体色调明快简洁；两种果汁均使用了四套色，主色依据价格高低设计为一深一浅，其他色彩则用得非常节制，有如画龙点睛，尽可能最大程度凸显主色；运动饮料、奶茶、咖啡等饮品则仅仅使用最精简的三套色[3]，由于它们分别定位为运动、学习或工作状态中的中青年消费群体，采用简洁的色彩能使包装看起来更加时尚、利落。总的来说，所有产品都有意利用黑白灰和面积的强烈对比构建视觉张力。

比较之下，怡宝用色同质化较严重，并无特定原则和规律。在列举的7类产品中，有4类以浅灰或白为主色，单从色彩上难以区分不同产品间的定位差异，以至于无论是作为一个家族的品牌调性，或是作为产品单体的个体调性，两方面都无从建立。

其二，两个品牌在瓶体造型上考究程度截然不同，农夫山泉整体令人印象更深刻。首先，农夫山泉在有瓶颈造型的产品中更接近黄金分割比，这表现在瓶颈和瓶身高度比例和宽度比例两方面。除"尖叫"特殊瓶口外，其他饮料瓶口均设计为统一的宽口径，宽度与瓶身宽度比例接近黄金分割比，因而更富于形式美感，同时，宽口径能带给消费者更好的饮用体验。其次，农夫山泉产品之间兼

---

3. 因为包装存在透明区域，因此将白色计为一套色。如果依照印刷标准不将白色计入，农夫山泉运动型饮料则仅仅使用了两套色。

具家族基因和个性化特征。所有产品共同的家族基因，在于以直线造型为主，转折处使用克制的小圆角，以此为前提，不同产品根据各产品特性，在线条垂直或一定角度倾斜，或高、矮、胖、瘦，以及瓶颈长短不同等方面发生变化，构成产品来自同一个家庭但不失独特个性的整体印象。此外，农夫山泉产品瓶体上会有一些凹形线条的细节处理，使瓶体多了一分精致感，无形中提升了产品价值。最后非常值得一提的是：许多形式都有与它们各自主题内容相关的直接来源，比如"维他命水"外形实际上来自胶囊，暗示其保健功能；"打奶茶"的外形来自搅拌工具（茶筅：一种烹茶工具）。

怡宝的产品则很可能并未对旗下产品包装做整体的统筹规划，经常出现的是相似度较高的曲线造型。即使暂且不论审美流行趋势，曲线造型如果没有特别的创意意图，应用在饮品上会存在天然的竞争劣势，就相同容量的瓶体造型而言，较之直线造型，曲线造型容易给人以容量相对较小的错觉。

其三，透明区域安排合理性上的差异。农夫山泉对包装透明部分的处理相当严谨，在带有透明设计的所有产品中，透明的面积比例基本保持在30%以上，所透出产品部分的色彩、形态、面积都成为产品包装规划中予以考虑的重要内容，在瓶体上会采用与之呼应的色彩。茶、果汁和运动饮料的产品色彩，都被使用在文字或图形上，与瓶贴之间留足富裕空间。在奶茶和咖啡类中，则完全包裹，没有留有透明部分，但在材质或设计上做了充分考量，如碳仌包装采用的是铝材料。

怡宝饮料的透明面积则无特定规律，"佐味茶事""葡萄假日""魔力"都只在瓶口和瓶底漏出少许透明区域可见产品,这种处理较为随意,透明区域没能成为设计工作的一部分。

最后是品名的图形与字体设计,农夫山泉将简洁的符号贯彻到底。农夫山泉和怡宝都具备基本的品牌意识,会专门为旗下每个产品做品名的图形和文字设计,但是由于观念差异,导致最终效果截然不同。在此从两个品牌中各挑选出5类品名设计,可以看出它们之间的显著差异(图12-5)。

农夫山泉所列产品的品名设计都可以视作标志符号。它们具备标志的基本特征,即形态和色彩简洁、易于识别,正负形空间均衡,适宜缩放尺寸,并且很好地表明了产品特性。怡宝则并没有为品名注入符号意识,大多仍采用具有装饰意味的插画,品名难以与之融合并得到凸显。例如,农夫山泉的NFC和怡宝的蜜水柠檬都使用到水果图形,NFC将字母"C"右上角加了一个橙色的叶子图形,当人们在看到这个字体图形化的标志时,大脑立刻会将"C"理解为橙子。而"蜜水柠檬"则在文字背后加入描绘了很多细节的柠檬切片,左上角加了一个不太容易理解的绿色水滴状图形。一简一繁,

图12-5 品名设计对比

对于处在网络时代信息繁多杂乱环境下的消费者来说，前者传递信息的力度恰到好处。

那么，农夫山泉这些富于创意的包装从何而来？

4 文化视觉化：喝的不仅仅是喝的

农夫山泉被不少网友戏称为"被卖水耽误的广告公司"[4]，这其中更多的是褒奖成分。农夫山泉的产品，除了出于功用目的外，也承载着其品牌观念和文化，这体现在它各类产品的包装创意中。以下举几个例子对此予以说明。

2015年农夫山泉推出的长白山高端水玻璃瓶包装由英国Horse工作室设计，插画出自英国插画师娜塔莎·塞尔斯顿（Natasha Searston）的手笔。娜塔莎是来自英国伦敦的插画家和丝网印刷商，她的作品都由自己亲自绘制、设计和制作，风格天真俏皮，常

图12-6 长白山高端水系列

---

4. 一流的包装设计："农夫山泉"可能是家被卖水耽误的广告公司［EB/OL］. https://www.sohu.com/a/423946261_602994，2020-10-11。

出现在屡获殊荣的包装上。此前,农夫山泉邀请了英、意、俄三国5个创意团队进行设计,历经58稿才最终定稿。

这一系列设计分为两个主题,其一是长白山动植物,其二是十二生肖。动植物的灵感来自农夫山泉水源地长白山莫涯泉,其上以红色印有不同的数字,每个数字都讲述关于插画中出现的动植物年份、时间、种类等与数字相关的知识(见图12-6)。如绘有蕨类植物叶子插画的瓶体上印着"89",其上配的文字是"长白山自然保护区内,已知野生蕨类植物89种"。数字和这些知识编排成精美的文字组合,放在售卖的宣传图片上。这一系列包装以唯美的方式科普长白山自然保护区的相关知识,传递出农夫山泉水源优质,注重环保的理念。其二是只送不卖的农历生肖动物图案的春节纪念装,每年推出一款,再一次在中国传统文化上下足功夫。两个主题都有绿透明瓶和无色透明瓶,以此来区分水中是否含气。这两款包装问世后,包揽了FAB Awards最佳作品奖、pentawards铂金奖、thedieline金奖、D&AD木铅笔奖等多项权威大奖。

2012年上市的农夫山泉东方树叶,虽然许多年轻人实际上并不喜欢它"无糖"的口感,但仍愿意为其包装买单。当提及为何喜欢这款包装时,大家会一致认为是插画的功劳。然而实际上,大面积非常通透的茶汤色彩是与插画争相辉映的重要元素。这款饮品解决了一个技术难题。

品茶的人多以欣赏茶汤色为一大乐趣,但是这通常只有现泡茶才可能做到,"东方树叶"在技术上对此有所突破。茶叶萃取物极易见光氧化，因此大多茶饮料都采用了全裹式包装。农夫山泉为了让"东方树叶"营造出包装的通透效果，花大价钱研究了防氧化专利，使茶汤即使被光线照射，也可以存放数月而不变色，保持原有的色香味。插画效果很大程度上得益于汤色的衬托。"东方树叶"分为"青柑普洱""乌龙茶""茉莉花茶""红茶""绿茶""玄米茶"，汤色各不相同，其中"青柑普洱"和"红茶"分别为偏深暗的红和偏橘色的红，其他几种则是不同深浅和冷暖的黄色。当这一系列陈列在一起时，有些像潘通色谱中的红黄色系列色彩。这些色彩对瓶贴的烘托作用实际上是至为关键的。

包装设计来自英国 Pearlfisher 设计公司，瓶贴上的插画表现了帆船、绣球花、马匹、中国古建筑、日式鲤鱼图等元素，它们都来自中国茶马古道的历史。每种茶都用简短的文字注明了其历史由来，譬如中国传统方式从右至左竖式阅读，"玄米茶"左边挂着两行小字"公元前10世纪稻米由中国传入日本后与蒸青绿茶相互交融演化为玄米茶"（该文字未带标点符号）。

农夫山泉产品包装设计合作公司遍布全球，并且会经常重复合作。如农夫山泉运动盖装天然矿泉水也和长白山高端水一样由英国 Horse 工作室设计，其上插画出自英国插画师 Brett Ryder，打奶茶和果味水是由希腊 Mousegraphics 公司设计，果味水后续与网易《阴阳师》合作推出新的包装设计。不断地在全球寻找合作伙伴以打造最富创意的新形象，这使得农夫山泉每推出一款新品，其面貌都出人意料。

小结

与人一样，品牌因出生于年代不同而带着特定的时代属性。农夫山泉和怡宝分别诞生于新旧世纪之交和改革开放后，它们曾面对各自时代的机遇和挑战。农夫山泉的后来居上，很大程度上得益于21世纪中国经济的持续发展和文化自信的持续高涨，这让中国市场储备了大量愿意为文化形象买单的消费者。嗅到这一气息的商家必然乐意花大手笔投入文化创意，这也成为"文创"一词陡然火爆的原因。作为在时代浪潮中把准了高低节奏的冲浪者，钟睒睒无疑是农夫山泉成功的另一个关键，一位20世纪50年代出生于知识分子家庭、80年代末下海经商的"文人"[5]，对文化有着真挚的热爱和理想主义情怀。正因这内里的真心，才造就了真正打动人的商品。

---

5. 财经涂鸦. "农夫"钟睒睒："文人"今安在？[EB/OL] .https://news.futunn.com/post/7246213?src=8&level=1&data_ticket=1653065819902635，2020-09-08。

参考文献（按首字母顺序）

坂本太郎. 日本史概说[M]. 北京：商务印书馆, 1992.

黑川, 雅之, 吴晨荣. 思想的设计：黑川雅之与日本的当代设计文化[M]. 上海：上海书店出版社, 2005.

鲁道夫·阿恩海姆, 阿恩海姆, 滕守尧, 等. 艺术与视知觉[M]. 成都：四川人民出版社, 1998.

罗岗, 顾铮. 视觉文化读本[M]. 南京：广西师范大学出版社, 2003.

马丁·林斯特龙. 品牌洗脑[M]. 北京：中信出版社, 2013.

马修·赫利. 什么是品牌设计?[M]. 北京：中国青年出版社, 2009.

米切尔. 图像学[M]. 北京：北京大学出版社, 2012.

马丁. 欧洲宗教改革与瑞士钟表业的崛起[J]. 世界历史, 2020(02):52.

米歇尔·帕斯图罗, 帕斯图罗, 张文敬. 色彩列传[M]. 北京：生活·读书·新知三联书店, 2016.

米歇尔·帕斯图罗、张文敬. 色彩列传：红色[J]. 读书, 2020, 498(09):182-182.

尼古拉斯·米尔佐夫. 视觉文化导论[M]. 南京：江苏人民出版社, 2006.

潘诺夫斯基. 视觉艺术的含义[M]. 沈阳：辽宁人民出版社, 1987.

日本G社部.国际品牌设计[M].北京：中国青年出版社,2006.

斯科特·贝德伯里,斯蒂芬·芬尼契尔著,苑爱玲.品牌新世界[M].北京：中信出版社,2004.

沈周锋.品牌文化与视觉形象设计的关系[J].新美术,2013,34(09):123-124.

田中一光.设计的觉醒[M].南京：广西师范大学出版社,2009.

沃利·奥林斯.沃利·奥林斯的品牌术[M].北京：清华大学出版社,2012.

徐适.品牌设计法则[M].北京：人民邮电出版社,2018.

野中郁次郎.创新的本质[M].北京：知识产权出版社,2006.

于尔格·维格林.斯沃琪手表的创意魔法[M].南京：江苏凤凰文艺出版社,2013.

原田进,黄克炜.设计品牌[M].南京：江苏美术出版社,2009.

张丙刚.品牌视觉设计[M].北京：人民邮电出版社:,2014,10.

张文泉,赵江洪,谭浩.奥迪品牌发展与汽车造型特征研究[J].装饰,2011(07):75-77.

张亚丽.品牌视觉形象设计与推广中的动态化发展：以MB(Movingbrands)为例[J].装饰,2016(3):2.

ArthurAsaBerger. The Starbucks Coffee Shop Logo[M]. 2018.

Brock B . The Character of American History[M]. Harper Colophon Books, 1965 .

Burnap A , Hartley J , Pan Y , et al. Balancing design freedom and brand recognition in the evolution of automotive brand styling[J]

Design Science, 2016, 2.

HowardSchultz, and Yang, Dori Jones. Pour Your Heart Into It: How Starbucks Built a Company One Cup at a Time[M]. Hachette, 1997.

Howard Schultz, Joanne Gordon. Onward: How Starbucks Fought for Its Life without Losing Its Soul [M], Rodale, 2011.

Howard Schultz. From the Ground Up: A Journey to Reimagine the Promise of America[M]. Random House, 2019.

Hertrich S , Mayrhofer U . Audi and the Chinese Market : A Success Story[J]. Springer International Publishing, 2016.

Hu W , Xin X , Li B . Research on the Extraction and Visualization of Automobile Brand Form Gene Based on Multi-roles' Expectation Image[C]// Springer International Publishing. Springer International Publishing, 2014.

Hyun, K.H., Lee, JH. & Kim, M. The gap between design intent and user response: identifying typical and novel car design elements among car brands for evaluating visual significance. J Intell Manuf 28, 1729 – 1741 (2017).

Schultz, From the Ground Up: A Journey to Reimagine the Promise of America.

Jun, Suzuki, and, et al. Technological diversity of persistent innovators in Japan: Two case studies of large Japanese firms[J]. Research Policy, 2004.

Kiapour M H , Piramuthu R . Brand > Logo: Visual Analysis of

Fashion Brands[J]. 2018.

Martelle S. Detroit : A Biography. Chicago: Chicago Review Press; 2014.

McCabe Maryann,de Waal Malefyt Timothy. Brands, Interactivity, and Contested Fields: Exploring Production and Consumption in Cadillac and Infiniti Automobile Advertising Campaigns[J]. Human Organization,2010,69(3).

Meikle JL. Design in the USA. New York: Oxford University Press, Incorporated; 2005.

MicheleFioroni, GarryTitterton. Evoking Symbolic Values Around a Product and Becoming a Global Icon: The Case of Starbucks. Palgrave Macmillan UK, 2009.

Myers M, Dean S G . "Cadillac Flambé": Race and Brand Identity.

Pierre-Yves Donzé . A Business History of the Swatch Group[J]. Palgrave Macmillan Books, 2014.

Roberts KJ. Brand Challenges and Understanding the Brand Core[M]. Gabler Verlag, 2005.

Schroeder JE. The artist and the brand[J]. European Journal of Marketing, 2005, 39(11/12):p.1291-1305.

Terasaki S , Nagasawa S . Branding Luxury Through Affective Value Case of Swiss Watch Industry[J]. Springer International Publishing, 2014.

Voigt K I , Buliga O , Michl K . Globalizing Coffee Culture: The Case of Starbucks[M]. Springer International Publishing, 2017.

Yamazaki K . Japanese Global Strategy: Overseas Operations and Global Marketing[J]. 2019.

雅马哈官网：https://www.yamaha.com.cn/

凯迪拉克官网：https://www.cadillac.com.cn/

匡威官网：https://www.converse.com.cn/

奥迪官网：https://www.audi.cn/

古驰官网：https://www.gucci.cn/zh/

兰蔻官网：https://www.lancome.com.cn/

佳能官网：https://www.canon.com.cn/

星巴克官网：https://www.starbucks.com/

斯沃琪官网：https://www.swatch.cn/zh-cn/

育碧官网：https://www.ubisoft.com.cn/

谷歌官网: https://www.google.cn/

农夫山泉官网：https://www.nongfuspring.com/

华润怡宝官网：https://www.crbeverage.com/

插画家Natasha Searston : https://natashasearston.com/

后 记

　　本书的研究，首先是回答自己多年前关于形式与内容关系的疑问。

　　时间差不多要回到20几年前，中国美院南山路校区在建，所有专业都集中在小小的滨江校区。阶梯报告厅里各种讲座、纪录片和电影一场接一场，少有停歇。那时网络还不像今天这么发达，图书馆和讲座是扩大专业视野的重要渠道。图书馆稍好一点儿的书概不外借，于是只能带着笔和本子边看边临摹，速度很慢，效率看似不高，但却很有收获；讲座请来的学者、艺术家和设计师，大多不远万里而来，背着双肩包风尘仆仆地走上讲台，让学生倍感珍惜。虽然讲座中不少观念和作品并不能完全理解，但仍不忍落下一场。

　　2003年夏，我在视传系即将念完大三，专业课学习已近尾声。从一年级绘画技法、基本形式语言训练，二年级掌握设计基础原理和方法，再到三年级综合设计能力的培养，造型基础、图形、色彩、字体、构成形式、主题设计等系统训练基本完成。由于本科阶段的训练目的，设计整体教学更侧重设计形式，即设计的视觉效果，对形式背后的历史文化创作观念涉及不多。即将进入最后一年的学习之前，我开始疑惑，设计的目的是制造刺激眼目的形式吗？促使特定形式产生的依据是什么呢？设计好坏的评判标准是形式吗？

　　有次一位德国海报设计师受邀来校讲座，同样分享了许多形式感和视觉冲击力颇强的海报作品。讲座结束后来到提问环节，困扰我的问题突然清晰起来，我问道："在设计中形式与内容有什么关系？形式是否可以无意义？"已不记得当时的具体回应，这本身就不是三言两语能说得清的问题，但他诚恳地说这是一个很有意义的问题。形式与内容的问题从此变得坚定明晰。

　　这个问题成为我之后多年求学的潜在驱动力。之后在高校从事设计教学，并分别转专业到插画漫画和视觉文化方向攻读硕士和博士。2014年来到中央美院跟随尹吉男先生念博士，在经历孙悟空图像研究的过程中，这个问题变得越来越通透。为弄清经典孙悟空形象从何而来，跟随资料追溯到中国古代、近代和现代的历史文化，在不断阅读、思考和写作中，体会到经典形象生成的本质——经典形象是由历史进程中不断更新的人群，历史社会中不断博弈的思想所催生出来。正如尹先生所说："在那样的历史环境和政治经济条件下，没有张某某，也会有李某某。"

　　攻读博士的过程对我来说是一次革新。在跟平面设计打了多年交道后转去做艺术学研究，原本有点成型的设计思维习惯被强行打破，重新接触一套相对陌生的开放式思维系统。平面设计是怎样的呢？在以往有限的认知中，平面设计带有势必要创造一鸣惊人形式感的某种野心，是与苦思冥想的创意、熬夜看案例做稿、不断被自己或他人毙掉的方案的快节奏日常联系在一起的，是一项让心跳加速、血液奔腾的充满激情的工作，其目的是抢夺人的目光。有人称之为"造物",或认为与神造万物有相似之处?在以往养成的设计思维习惯中,我习惯了紧张的工作节奏和状态,追求效率、注重结果。有次诚恳请教同学做研究的经验,有位同学答:"需要时间的啊!"这句话对我当时异常醒脑。是啊,自进美院后在专业上奔忙不停,不曾等过时间,甚至差点儿忘了时间会发挥作用这回事。看春去秋来,树绿了黄了红了灰了,让它们变化的是时间;豆腐变成豆腐乳,让它变味的也是时间。我应该慢一点,让时间发挥发挥作用。

博士论文是在不断试错中小心翼翼完成的。起先多次汇报都不甚理想,不得要领,只得自己反复品悟尹先生教导,在一次忐忑微信汇报进展后,终于得到他老人家的肯定回复,雀跃无比。后来论文完成送审,收到西川老师评语中有句说"一些论证过分严谨"。周博师兄也与我说文字略紧,但不是一时半会儿可以改的。的确如此,从设计实践到学术研究,很多原则和方法都是边学边用,犹如戴着沉重的镣铐跳舞,尚不能自由起舞。

博士毕业进入北交大任教,承接的两门课《商业品牌案例分析》和《标志与VIS设计》,都与品牌有关。头两年做师资博后,出站也有科研要求。但就在这几年中,博士期间的研究在脑子里回顾着,之前研究生硬的棱角似乎在被时间慢慢打磨,其中的研究方法也于我越来越熟悉,与我脑子里的某些成分开始相互融合起来。这为我写作这本关于品牌的书做了预备。

虽然与品牌缘分颇深,但我骨子里原本更亲近乡土。7岁以前生活在农村,儿时身边到处是生机盎然的动植物,人与人或和睦或吵架，距离非常近，关系也单纯直接。因此，原本我对商业相关事物并无多大兴趣。不料，在任教的两所高校负责的课程都与品牌相关，一上就是十几年。年复一年，不知不觉对品牌设计教学多了几分熟悉的好感，感到品牌生命与大自然有不少共通之处。不过对品牌专门研究产生浓厚的兴趣，始于2017年博士毕业到交大工作之后。

回到形式与内容的问题，我在人文领域中寻求到了解答方法，但更深切的领悟是在博士毕业后重新回到设计教学和研究中后。最早接手的《商业品牌案例分析》（后称《商业》）这门课让我收益良多。博士期间取的经在这门课上得以应用。我在已有著名教学方法"发现法"基础上发展出"循环发现教学法"（曾以关键词发表同名论文），以这种方式教授了四届学生。越来越深刻地体会到，每一个优秀品牌视觉的背后都涉及形式与内容的关系问题。好的品牌形象都是品牌内在生命的外在彰显，内在生命属于内容，外在彰显则是形式，它们与品牌产生的历史、文化、政治及经济都有密切关系。这门课的开课对象是低年级本科生，年轻的学生们很有活力，但因还未经过系统训练，尚只能做相对初步的研究。于是，我挑选了一些品牌着手研究，这些品牌都属于年轻人感兴趣的范围。本书实际上是其中的部分成果。

这项工作在我看来有几方面的意义。首先，它解答了我关于形式与内容关系的疑惑。通过十几个品牌案例不同角度的研究，证明了品牌设计中并没有无意义的形式，并具体讨论了各品牌形式与内容的关系和历史互动过程。其二，教学相长，它是对四届《商业》

教学的思考，也是对曾经教授过的学生研究案例的最终的正式回应。这里面是在我与学生交流互动中的一些建议和想法的深入，也增添了不少新材料，对上过这门课的学生相信会有新收获。在整个写作过程中，我每写完一章就会征求他们的意见，反馈阅读感受，希望至少能较容易地被本硕学生读懂并从中受益。

在此感谢董月夕老师为这本书精心设计的封面，感谢王煦编辑细致的工作，以及写作过程中帮助整理资料、校对反馈的同学——郭家智、赵卿汝、马越、汪小艾、王一伊、程钰婷、冯书慧、周晓雨、林雪萌、王彦琪、雷东昕等。在他们的帮助下，我得以从部分繁琐的数据和资料整理工作中解脱出来潜心思考，从而大大提高写作效率。

本书写作过程中，我孕育加哺育了二宝。老大出生后我访学、攻博、博后……10年间忙忙碌碌、四处奔波，像旋转的陀螺一般，直到再次亲历新生命的孕育、降生、成长过程，才不得不放慢脚步，心绪也随之进入些许安稳平淡。因此，反而是他人看来异常辛苦的日子，让我有了更多安静思考的机会。当然，如果这本书中有什么想法能够启发到读者，于我自己没有一句可夸耀的。所有一切都要归功于孩子们的外公外婆——我的父亲母亲，没有他们的无私付出，我万万不敢奢望在这样特殊的时候能完成一项如此费脑费力的工作。

书中历史相对悠久的品牌，如雅马哈、凯迪拉克、匡威、奥迪、古驰等，都经历过世界大战，但却表现出极其顽强的生命力。比如匡威和古驰，都在战时利用极其有限和廉价的原材料发明出耐用的新材料，制作成帆布鞋、竹节包等，成为品牌标志物。历经战争磨难的品牌，像是废墟下深埋的种子，阳光雨露时候一到，仍旧顽强地开出灿烂的花朵，在灰色废墟中尤其醒目。进而更神奇的是：无数新生命会随之陆陆续续从废墟中顶出来，直到世界重新回到生机勃勃的模样。

一切困难终将过去。

2022年4月写于北京西山